Reiner Vinzens

Richtig und erfolgreich bewerben

Hauptstr. 76
4052 Korschenbroich 3, West Germany
1. Auflage

ISBN 2 - 89428 - 901 - 5

Gesamtherstellung: Neusser Druckerei und Verlag GmbH, 4040 Neuss 1

Reiner Vinzens

Richtig und erfolgreich bewerben

Inhaltsverzeichnis

Vorwort

Das vorliegende Buch ist als Selbsttrainingsprogramm konzipiert. Den größten Nutzen hat sicher derjenige, der das Buch Schritt für Schritt durcharbeitet. Eilige Bewerber können allerdings auch auf einzelne, für sie relevante Kapitel und Informationen schnell zugreifen.

Geschrieben ist dieses Buch in erster Linie für alle, die sagen: „Ich schaffe das sowieso nie! Mich nimmt ja doch keiner!“ Es ist ein Arbeitsbuch gegen die Resignation, in die alle verfallen können, die ihren Arbeitsplatz verloren haben. Ich möchte gerade denen „auf die Sprünge helfen“, die sich schon längere Zeit vergeblich um eine neue Stelle beworben haben.

Mein Buch ist aber auch für all diejenigen gedacht, die sagen: „Mir tun alle Personalchefs leid, die meine Fähigkeiten und Kenntnisse nicht zu schätzen wissen!“ — Eine so ausgeprägte Selbstüberzeugung ist genau so wie die Haltung der Resignation ein selbstaufgebautes Hindernis zum Erfolg.

„Anfangen — bei sich selbst anfangen“, diesem Motto entsprechend geht es im vorliegenden Bewerbungstraining zuerst einmal um das Thema Planung; im Mittelpunkt steht eine große Inventur. Der Leser soll sich hier bewußt werden, daß eine Bewerbung eine Werbeaktion ist, bevor er sich daran macht, seine Bewerbungsunterlagen zusammenzustellen. Man muß nämlich den Wert der Ware — seiner Arbeitskraft — richtig kennen, bevor man daran geht, sie zu verkaufen.

Um Hilfestellungen und Anregungen zu geben, enthält das Buch eine Fülle von Beispielen. Bitte sehen Sie dieses Material jedoch immer nur als Anschauungsmaterial an, nicht als Vorlage zur freien Kopie. Abgeschriebenes ist unecht und fällt als solches sehr leicht auf. Aus Gründen des Datenschutzes sind alle vorkommenden Namen verändert worden, die Vorlagen entstammen aber echten Bewerbungsunterlagen.

Danken möchte ich meiner Frau, die mir beim Schreiben so mancher Texte eine treue Helferin war.

Meinen Lesern empfehle ich nun zum Einstieg die sorgfältige Lektüre des Gedichts „Frisch gewagt“ von Eugen Roth. Dann ist ein guter Anfang garantiert.

Reiner Vinzens

Frisch gewagt

Ein Mensch, an sich ein Mann der Tat,
erblickt ein Rieseninserat:
„Gesucht wird d i e Persönlichkeit!
Dynamisch, fit, einsatzbereit!
Noch nicht gebunden durch Familien
und höchst erfahren in Textilien;
mit Auslandspraxis, Texterprobe,
Takt, Führerschein und Garderobe...
und höchstens dreißig Jahre alt!
Geboten: Spesen, Festgehalt,
Provision — und eigener Wagen!
Sofort handschriftlich zu erfragen...“
Der Mensch liests kurz und legt es weg:
„Das hat für mich wohl keinen Zweck!
Die suchen einen Wundermann,
den möcht ich sehn, der all das kann!“
Ein Unmensch denkt: „Das ist mir schnuppe.
Wir essen ja auch nie die Suppe
so glühend heiß, wie wir sie kochen —
Und hier wird allerhand versprochen!“
Er läßt es den Versuch sich kosten —
Und siehe da: er kriegt den Posten!

Eugen Roth

Anstelle einer Bedienungsanleitung

Zum Buch

Optimal nutzt derjenige das vorliegende Buch aus, der es Kapitel für Kapitel nacheinander durcharbeitet. Die Reihenfolge der Themen folgt dem tatsächlichen Ablauf eines Bewerbungsverfahrens, so daß man Schritt für Schritt mit Hilfe der praktischen Übungen seine Bewerbungsunterlagen erstellt. Gleichzeitig ergeben die Übungen zu den einzelnen Kapiteln eine Vorbereitung auf die besondere Herausforderung in einem Bewerbungsgespräch.

Jedes Kapitel ist unterteilt in einen ersten informativen und einen zweiten praktischen Teil, der auch jeweils gekennzeichnet ist. Die Informationen im Buch und darüber hinausgehende Informationen werden benötigt, um die jeweiligen praktischen Übungen durchführen zu können.

Die Übungen sind in erster Linie als Hilfestellungen zu den vielen Entscheidungen konzipiert worden, die bei einer Bewerbung getroffen werden müssen.

Um zusätzliche Hilfestellungen anzubieten bei der Bewältigung der Übungen, sind in einem Anhang separat weitere Beispiele, Lösungsmöglichkeiten und praktische Tips aufgenommen worden. Im Text bzw. in den einzelnen Aufgabenstellungen finden Sie jeweils gezielte Hinweise.

1. Einführung

Sich bewerben, das bedeutet viel mehr als nur Bewerbungsunterlagen erstellen, versenden und auf eine Einstellung warten.

Um einen ersten Zugang zu dem zu bekommen, was man Werbung und Bewerbung nennt, lesen Sie zuerst einmal aufmerksam folgenden Ausschnitt aus einem Interview, das ich mit dem Personalleiter eines größeren Unternehmens geführt habe.

Ein Interview

...

Frage: Herr H., Sie waren 15 Jahre im Personalwesen tätig und haben in dieser Zeit eine Menge praktische Erfahrungen sammeln können. Dabei hat sich Ihre Einstellung zu manchen Dingen in einem Bewerbungsverfahren sicherlich auch verändert.

Antwort: Ja, natürlich haben die Erfahrungen, die ich im Laufe der Jahre gemacht habe, auch meine Einstellung in manchem geändert. Ich weiß mich gut daran zu erinnern, daß mein Interesse bei einer Bewerbung sich vorrangig auf die Person und den Charakter der Bewerberin oder des Bewerbers gerichtet hat. Heute kommt es dagegen viel mehr auf das Fachwissen und Können des Bewerbers an. Im Vordergrund steht heute eindeutig die Qualifikation und gefragt sind Spezialisten — auf allen Gebieten.

Frage: Im Personalwesen müssen viele Entscheidungen getroffen werden, angenehme und auch unangenehme. Wie denken Sie darüber?

Antwort: Was mir am meisten zu schaffen gemacht hat, ist die Tatsache, Entscheidungen — wie ich sagen möchte — gegen mein Inneres treffen zu müssen. Für mich ist das Interesse am Persönlichen und der Kontakt zu den Mitarbeitern, für die ich Verantwortung trage, immer das A und O gewesen. Oft kann aber zum Beispiel bei einer anstehenden Kündigung die persönliche Hochschätzung eines Mitarbeiters nicht den Ausschlag geben, weil es heute eine Fülle von gesetzlichen Vorgaben gibt, die mir die Hände binden. Mir ist ein enger Rahmen gesetzt, der meine Entscheidungsfreiheit begrenzt. So mußte ich z.B. einmal eine jüngere Mitarbeiterin entlassen, obwohl sie besser und qualifizierter arbeitete als eine andere, die längere Zeit im Unternehmen tätig war als sie.

Frage: Wie geht man in einem Unternehmen mit eingesandten Bewerbungsunterlagen um, wie gehen Sie selbst damit um?

Antwort: Ich habe mich immer dafür eingesetzt, daß Unterlagen möglichst rasch an Bewerber zurückgeschickt werden, um nicht fälschlich Hoffnungen aufrechtzuerhalten oder zu wecken. Allerdings kann sich ein Entscheidungsprozeß auch aus unterschiedlichsten Gründen in die Länge ziehen; es muß nicht unbedingt Nachlässigkeit dahinter stecken, wenn man zunächst keine Antwort bekommt.

Aber Ihre Frage schneidet auch noch eine andere Problematik an: Es geht nämlich in Ihrer Frage auch um das Thema Datenschutz, der nur sehr schwer gewährleistet werden kann. Denn in manchen Unternehmen — gerade wenn sie größer sind — bekommen eben sehr viele die Unterlagen in die Hände. Das ist nicht zu vermeiden. Und noch ein dritter Aspekt kommt mir bei Ihrer Frage in den Sinn: Der Umgang mit Bewerbungsunterlagen hängt natürlich immer auch davon ab, wie qualifiziert der jeweilige Personalchef oder Verantwortliche ist. Nicht selten haben Nichtfachleute im Betrieb den Auftrag, Bewerbungsunterlagen auszuwerten und die Entscheidung über eine Einstellung vorzubereiten. Das gilt auf jeden Fall für den gewerblichen Bereich. In einem kleineren oder mittleren Unternehmen gehört die Auswertung von Bewerbungsunterlagen im kaufmännischen Bereich zum Beispiel gerne zu den Zusatzaufgaben eines Buchhaltungsleiters. Also, zu meinen, die Unterlagen von Bewerbern werden nur von dafür ausgebildeten Personalfachleuten ausgewertet, ist ein Irrtum.

Frage: Einmal ganz subjektiv gefragt: Worauf achten Sie ganz besonders, wenn Sie sich bei einer Bewerbung entscheiden? Haben Sie Lieblingsfragen?

Antwort: In der Verantwortung für eine Belegschaft muß ich mir stets die Frage stellen: „Paßt der Bewerber auch menschlich zu denen, mit denen er zusammen arbeiten soll.“ Das ist Sache einer sehr persönlichen Einschätzung, aber daran kann man nicht einfach vorbeisehen. Es muß eben auch menschlich stimmen. Darum ist für mich bei meinen Entscheidungen die persönliche Begegnung mit dem Bewerber ausschlaggebend. Dabei habe ich die fachlichen und menschlichen Aspekte zu differenzieren.

Ein zweites noch: Wenn jemand 5 Jahre und mehr in einem Unternehmen gearbeitet hat, bedeutet dies in meinen Augen immer einen Pluspunkt für den Bewerber.

Auf Ihre zweite Frage möchte ich Ihnen sagen: Ich persönlich achte ganz besonders darauf, ob der Bewerber sich wirklich für unser Unternehmen interessiert und frage deshalb immer in irgendeiner

Form: Was wissen Sie über uns? — Warum haben Sie sich gerade bei uns beworben?

Frage: Sie haben gerade betont, wie wichtig Ihnen bei Ihren Entscheidungen das persönliche Gespräch ist. Bevorzugen Sie eine bestimmte Gesprächsmethode?

Antwort: Nein — Entscheidend für mich ist, daß die Bewerberin oder der Bewerber die verständliche Nervosität ein wenig verliert. Deshalb bemühe ich mich, sein Vertrauen zu gewinnen, denn schließlich will ich mir kein verzerrtes Bild machen, sondern ich will wissen, was der Betreffende kann und was für ein Mensch er ist. Von den sehr verbreiteten, oft viel zu hochgestochenen Testverfahren halte ich nicht viel. Maßgebend für die Gesprächsart und -methode ist für mich die jeweilige Position, um die es geht.

Frage: Zum Abschluß noch eine Frage, die sich auf Ihre Erfahrungen bezieht. Was hat Sie entscheidend in Ihrem Verantwortungsgefühl für Bewerber und Mitarbeiter geprägt?

Antwort: Dazu möchte ich Ihnen gerne folgendes erzählen: Vor Jahren habe ich in einer französischen Firma erlebt, wie der Chef bei einem dreitägigen Besuch in seinem Zweigunternehmen durch den Betrieb gegangen ist und jedem, aber auch jedem, die Hand gab und mit ihm ein kurzes Schwätzchen hielt. Ich habe damals zuerst mit dem Kopf geschüttelt. Heute weiß ich: Dieser Mann hat die Nähe seiner Arbeiter und Angestellten gesucht, sich selbst einen Eindruck verschafft und er hat sicher auch manchem Problem oder Problemchen „den Wind aus den Segeln genommen“. Dieses Verhalten habe ich mir zum Vorbild in der Personalpflege gemacht — und die fängt für mich beim Bewerbungsgespräch an.

„Bewerben“, so schreibt der langjährige Personalberater Heiko Mell in seinem Buch „Bewerbung auf dem Prüfstand“, „ist ein Reizthema — und dies, so stellt man bald fest, für beide Seiten. So richtig gern gehen weder Arbeitnehmer noch Firmen damit um. Erstere, weil sie zu wenig darüber wissen — insbesondere über die Auswahlentscheidungen der Unternehmen, letztere, weil die meisten Unterlagen indiskutabel schlecht sind. Etwa 80 — 90% aller Bewerbungen, so schätzt man, sind ungeeignet; dennoch ist dieses Instrument für beide Partner unverzichtbar.

Tips, wie man — angeblich erfolgreich — Bewerbungen schreibt, gibt es genug. Geholfen haben sie bisher wenig. Ich erlaube mir dieses Urteil, nachdem ich bisher etwa einhunderttausend solcher Unterlagen gelesen habe.“

Soweit dieser kleine Gesprächsausschnitt, der bereits in eindrucksvoller Weise dargestellt hat, worum es bei einer Bewerbung geht und welchen Stellenwert die einzelnen Aspekte auch beim zukünftigen Arbeitgeber haben.

Bereits enttäuschte Bewerber werden jetzt sagen: Also habe ich doch recht: es hat alles keinen Zweck, es geht letztlich doch alles nur mit und durch persönliche Beziehungen, ich habe sowieso bei Millionen Arbeitslosen keine Chance, ich habe es doch schon so oft versucht...

Wege zu einem neuen Arbeitsplatz

Wirft man aber einmal einen Blick in die Welt der Bewerbungen, dann hilft die Statistik, den Standpunkt der Resignation wieder zu verlassen.

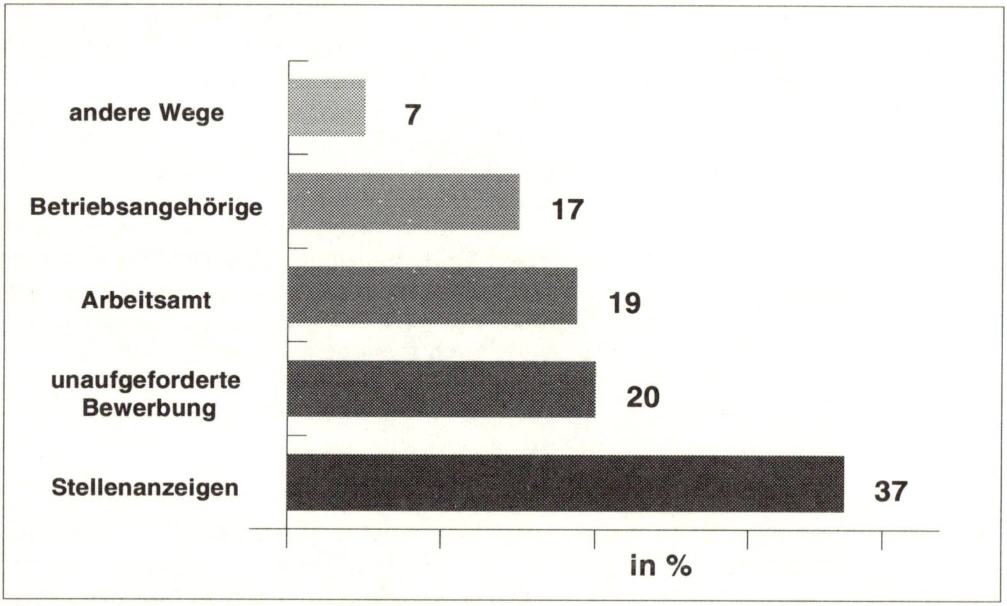

Abb. 1.1: Quellen für neue Mitarbeiter

Das Institut der deutschen Wirtschaft hat vor zwei Jahren in 750 Unternehmen in fünf Arbeitsamtsbezirken eine Umfrage durchgeführt. Das Ergebnis wurde in einer Studie festgehalten, und es läßt sich wie in der folgenden Grafik zusammenfassen.

Stellenanzeigen führten demnach häufiger zum Erfolg als jeder andere Weg der Suche nach Arbeitskräften. Mehr als ein Drittel aller Neueinstellungen gingen bei den Unternehmen, die befragt worden waren, auf Stellenanzeigen zurück.

Unaufgeforderte Bewerbungen nehmen — erstaunlicherweise — den zweiten Platz ein. Das bedeutet, daß jede fünfte Stellenbesetzung auf eine unaufgeforderte Bewerbung zurückzuführen ist.

An dritter Stelle steht das Vermittlungsangebot des Arbeitsamtes mit ebenfalls knapp 20 %, direkt gefolgt von der Chance, über die Empfehlung eines Mitarbeiters an einen neuen Arbeitsplatz zu gelangen.

Einen vergleichsweise geringen, aber nicht zu unterschätzenden Wert haben auch andere Wege. Dahinter steckt eine ganze Palette von Möglichkeiten, an Informationen zu kommen und Kontakte zu knüpfen: Messebesuche, Betriebspraktika, Betriebsbesichtigungen u.ä.

Unabhängig von der Tatsache also, daß bei jeder Einstellung Bewerbungsunterlagen ohnehin verlangt werden, geht aus dem Ergebnis der vorgenannten Umfrage folgendes hervor: Faßt man die Stellenbesetzungen, die über Stellenanzeigen, unaufgeforderte Bewerbungen und über die örtlichen Arbeitsämter laufen, zusammen, dann hängen drei von vier Stellenbesetzungen direkt von eingereichten schriftlichen Bewerbungsunterlagen ab.

Heiko Mell schreibt also wohl in seinem Buch ganz zu recht: „Mein 'Spezialtip', wie man Bewerbungen besser, erfolgreicher gestaltet: Indem man sie ernster nimmt, ihnen den Wert zukommen läßt, der Instrumenten zur Existenzsicherung und Karriereförderung gebührt."

Im Sinne dieser Ernsthaftigkeit machen die meisten Bewerber jedoch immer wieder die gleichen Fehler, die es abzustellen gilt.

Typische Fehler

Unabhängig von der unterschiedlichen Vorbildung, von unterschiedlichen Berufswegen und -zielen machen viele Stellensuchende dieselben Fehler und Ungeschicklichkeiten.

Das ist mir und einigen meiner Kolleginnen und Kollegen in Beratungsgesprächen und Bewerbungstrainings aufgefallen, die wir wiederholt in unterschiedlichsten Zielgruppen in den letzten Jahren für und mit Stellensuchenden durchgeführt haben.

Diese Fehler lassen sich nach einer Analyse in folgende vier Gruppen gliedern:

1 Häufigkeit

Die meisten Stellensuchenden bewerben sich einfach nicht häufig genug.

2 Kenntnis der eigenen Person

Es ist oft erstaunlich, wie wenig die meisten Menschen über sich selbst, ihre Ziele und Pläne wissen.

3 Arbeitsmarkt

Für jeden Berufswunsch, der arbeitsmarktpolitisch nicht realisierbar ist, gibt es zwei, drei, manchmal auch noch mehr Auswahlmöglichkeiten. Das Problem besteht jedoch oft darin, andere konkrete Chancen zu finden.

4 Strategie

Kaum ein Stellensuchender nimmt die Aufgabe, Arbeit zu finden, strategisch in Angriff. Und auf den Zufall zu bauen, ist bei einer so wichtigen Angelegenheit doch sehr leichtfertig.

Praktische Arbeitsschritte

Übung 1

Stillarbeit und Zusammenfassung

Lesen Sie das Interview noch einmal durch und fertigen Sie einen Stichwortzettel an, auf dem Sie das notieren, was Sie besonders wichtig finden, was Ihrer Meinung und Erfahrung nach zutrifft. Schreiben Sie sich auch die Punkte auf, denen Sie gar nicht zustimmen können.

Übung 2

Situationsaufgabe

Folgende Anzeige hat der Fernsehsender RTL-Plus im Januar 1984 in verschiedenen großen Tageszeitungen veröffentlichen lassen:

Gesucht:
Superhirne mit Charme und Charakter. RTL-Plus, das neue, das erfrischend andere, das informative, das unterhaltende, das lustige, das spannende, das einmalige und junge deutsche Fernsehprogramm von Radio Luxemburg braucht journalistische Verstärkung. Wir wünschen uns weibliche Vorzeigeköpfe mit Einstein-Grips. Wir brauchen Gesichter, bei denen die Kameramänner den Atem anhalten. Wir möchten Kolleginnen haben, die bei hektischer Redaktionsarbeit nicht ins Schleudern kommen. Wir stehen auf Stimmen, die einen Stein zum Lächeln bringen.

Wir bieten:
Sklavenarbeit, die Atmosphäre eines Irrenhauses, Pionierarbeit wie im Wilden Westen und einen Haufen gebildeter Mitstreiter; außerdem die Chance einer Karriere, den prickelnden Geschmack eines Mediums der Zukunft und einen „Chef", der im Käfig sitzt und große Töne spuckt.

Übrigens:
Supermänner, die mit einer Pommes-frites-Gabel die Rocky Mountains umgraben können, dürfen uns auch schreiben.

Bewerbungsunterlagen an:

RTL, Deutsches Programm
z. Hd. Rainer Popp,
Chefredakteur,
Luxemburg 1002

Unter vielen anderen hat ein Bewerber folgenden Bewerbungsbrief geschrieben:

Carsten Herzog
Rosengarten 15
4150 Krefeld 1

RTL
Deutsches Programm
z.Hd. Herrn Rainer Popp

Luxemburg 1002

Sehr geehrter Herr Popp,

nachdem die erste Flut der Bewerbungen auf Ihre Anzeige in der Süddeutschen Zeitung vom 21. Jaunuar 1984 abgeebbt sein dürfte, ist es an der Zeit, daß ich mich vorstelle.

Gerade noch rechtzeitig vor einem längeren Trip in die Rocky Mountains habe ich Ihre Anzeige gelesen und würde nun gerne nach Luxemburg umbuchen. Ich besitze zwar kein Superhirn, gleichwohl ist es mir gelungen, ein wirtschaftswissenschaftliches Hochschulstudium mit den Schwerpunkten Marketing und Unternehmensführung erfolgreich abzuschließen.

Charme und Charakter hingegen sind bei meiner derzeitigen Tätigkeit als freiberuflicher Honorardozent in der Erwachsenenbildung notwendige Voraussetzung. Die Möglichkeit, nun am Aufbau eines neuen zukunftsträchtigen Mediums beteiligt zu sein und die Herausforderung in Zusammenarbeit mit Kollegen etwas Ordnung in ein Irrenhaus zu bringen, reizen mich zur Mitarbeit.

Mir ist bewußt, daß diese Aufgabe nur von solchen Mitarbeitern erfolgreich gemeistert werden kann, die bereit sind, Sklavenarbeit zu leisten und das Fremdwort „Feierabend" nicht kennen.

Ich bin 28 Jahre alt, ledig und ortsungebunden. Sollte mein Anschreiben Ihr konkretes Interesse finden, sende ich Ihnen meine kompletten Unterlagen zu. Natürlich stehe ich auch gerne für ein Vorstellungsgespräch zur Verfügung.

Mit freundlicher Empfehlung

Carsten Herzog

☛ **Aufgabe:** *Setzen Sie sich mit den beiden Briefen gedanklich auseinander; achten Sie besonders auf den „Unterton".*

Treffen Sie eine Entscheidung, ob Sie den Bewerber in die engere Auswahl nehmen oder nicht.

Formulieren Sie ein entsprechendes Schreiben an den Bewerber.

☛ *Hinweis:* *Das Antwortschreiben, das RTL-Plus tatsächlich dem Bewerber zugeschickt hat, finden Sie im Anhang zu diesem Buch.*

2. Die gute Planung

Jedes Jahr bewerben sich Hunderttausende von Stellensuchenden um einen Arbeitsplatz. Die Bewerbung um eine neue Stelle führt in vielen Fällen allerdings nicht zum gewünschten Ziel. Es gibt Absagen und die damit verbundenen Enttäuschungen. Häufig liegt der Grund für die Absage nicht in einer unzureichenden Qualifikation für die ausgeschriebene Position, sondern in einer mangelhaften Vorbereitung der Bewerbung.

Notwendigkeit eines Konzeptes

Es reicht nicht aus, sich fleißig zu bewerben, vielmehr geht es darum, die einzelnen Stufen einer Bewerbung sorgfältig vorzubereiten und zu planen. Die Mühe, eine Bewerbungsstrategie zu entwerfen, lohnt sich und man spart auch nebenbei eine Menge Geld. Wer bei der Suche nach einem neuen Arbeitsplatz systematisch vorgeht, kann sich die vor ihm liegenden Aufgaben erheblich erleichtern. Ein gutes Konzept erhöht die Bewerbungschancen beträchtlich.

Machen Sie sich deshalb zunächst einmal die entscheidenden Voraussetzungen für eine erfolgreiche Bewerbung bewußt:

1	**klare Zielsetzung,**
2	**realistische Einschätzung der eigenen Fähigkeiten und eine**
3	**konsequente Bewerbungsstrategie.**

Diese Punkte lassen sich sehr leicht in konkrete Fragestellungen übertragen, nämlich:

1	**Was will ich?**
2	**Was kann ich?**
3	**Wie erreiche ich das?**

Das strategische Dreieck

Um die Bedeutug der drei Fragen richtig zu erkennen, wollen wir sie in ein Dreieck einfügen:

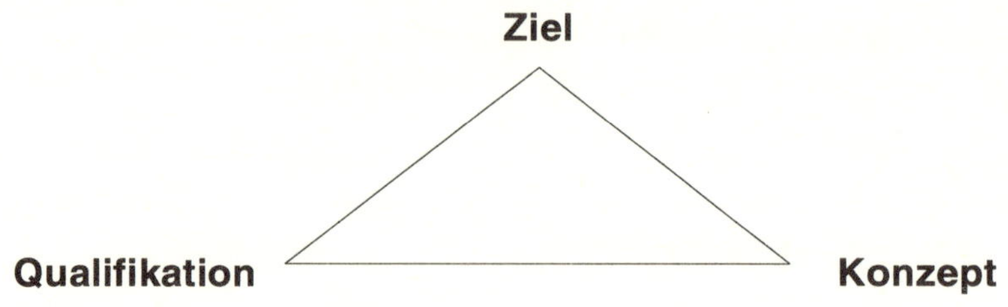

Abb. 2.1: Das strategische Dreieck

Das strategische Dreieck soll zweierlei deutlich machen:

1 Wie eng die Fragen miteinander verbunden und voneinander abhängig sind,

und

2 wie sehr es darauf ankommt, realistisch zu sein.

Wer bei seinen Überlegungen stets versucht alle drei Fragen im Blickfeld zu behalten, der wird sich genau in die Mitte des Dreiecks stellen und sagen:

Ich will!
Ich kann!
Ich erreiche mein Ziel!

Das Arbeitsamt — Information/Beratung/Vermittlung

Die schwerwiegendsten Fehler bei einem Bewerbungsvorhaben macht derjenige, der andere für seine Situation verantwortlich macht. So sehr berechtigt Kritik geübt werden muß an Institutionen wie den örtlichen Arbeitsämtern, an den Arbeitgebern, an Politikern und an der gesamten Situation des Arbeitsmarktes, so wenig nutzt diese Kritik dem Einzelnen. Um mit meinem Bewerbungsvorhaben erfolgreich zu sein, muß ich zu allererst informiert sein.

Die regionalen Arbeitsämter und die anderen Dienststellen der Bundesanstalt für Arbeit, wie der Fachvermittlungsdienst und die Berufsberatung, haben die Aufgabe der Arbeitsvermittlung und -beratung. Diese Aufgaben werden grundsätzlich in den einzelnen Berufsbereichen durchgeführt. Nutzen Sie die Erfahrung der Leute, die Tag für Tag mit dem Arbeitsmarkt zu tun haben und deren Aufgabe es ist, ihre Kenntnisse und Kontakte an Sie weiterzugeben.

Sie haben beim Arbeitsamt die Möglichkeit:

- andere Berufe kennenzulernen,
- sich über die Lage auf dem Arbeitsmarkt zu informieren,
- sich über Ihre persönlichen Chancen im Beruf klar zu werden,
- mehr über die Förderungsmöglichkeiten des Arbeitsamtes (AA) zu erfahren und
- sich über das umfassende Angebot an beruflichen Fortbildungs- und Umschulungsmöglichkeiten zu informieren.

Es kann nicht deutlich genug gesagt werden: Geben Sie nicht auf! Auch an Mißerfolge kann man sich regelrecht gewöhnen und kommt in einen Teufelskreis hinein, wo es nur noch heißt: „Ich kann nichts. Mich will keiner. Ich brauche es überhaupt nicht mehr zu versuchen."

Schuld an mißlungenen Bewerbungen ist oft die Tatsache, daß der Bewerber sich nicht genügend informiert hat.

Praktische Arbeitsschritte

Übung 3

Fragenkatalog

Um bei Ihrer Berufsplanung systematisch vorzugehen, beschäftigen Sie sich gedanklich einmal ganz bewußt mit Ihrer Zukunft. Stecken Sie dazu zunächst einmal Ihre persönlichen und beruflichen Ziele ab. Anschließend analysieren und beurteilen Sie Ihr Berufsziel. Nehmen Sie ein Blatt Papier und einen Stift und beantworten Sie die Fragen der Reihe nach schriftlich.

☛ *Hinweis:* *Fragen Sie sich aber jetzt noch nicht, was davon verwirklicht werden kann!*

1 Welche persönlichen und beruflichen Ziele möchte ich in Zukunft erreichen?

2 In welcher zeitlichen Reihenfolge möchte ich diese Ziele erreichen?

3 Welches Berufsziel möchte ich in den nächsten drei Jahren erreichen?

4 Weshalb ist mir dieses Ziel so wichtig? Was reizt mich daran?

5 Welche einzelnen Schritte muß ich planen, um dieses Ziel zu erreichen?

6 Was steht einer Realisierung im Weg? Welche inneren und äußeren Schwierigkeiten muß ich überwinden?

7 Wie läßt sich dieses Ziel mit meinen persönlichen, privaten Zielen vereinbaren?

8 Kann ich das Ziel aufgrund meiner Fähigkeiten und Kenntnisse erreichen?

9 Wie kann ich mir noch fehlende Kenntnisse aneignen?

10 Habe ich Alternativen für den Fall, daß ich mein gestecktes Ziel nicht erreiche?

11 Wie sehen die Zukunftsaussichten in meiner Branche aus? Wie wirken sie sich auf meine berufliche Zielsetzung aus?

12 Wie hoch schätze ich meine Erfolgsaussichten ein?

sehr gut	gut	50 zu 50	gering	sehr gering
❍	❍	❍	❍	❍

13 Mit welchen Folgen habe ich zu rechnen, wenn ich das Ziel nicht erreiche?

14 Wer oder was kann mir helfen, das Ziel zu erreichen?

15 Worin besteht für mich der Nutzen, wenn ich mein Ziel erreichen sollte?

16 Wieviel Energie werde ich wohl für die Erreichung meines beruflichen Ziels aufbringen müssen?

keine Energie 0		50		alle Energie 100
❍	❍	❍	❍	❍

Denken Sie daran, daß Sie Ihr Leben selbst in die Hand nehmen müssen. Entscheidend ist dabei, daß Sie aktiv an der positiven Veränderung und Gestaltung Ihrer Zukunft arbeiten.

Wenn möglich, bitten Sie Ihre Lebenspartnerin/Ihren Lebenspartner mit Ihnen die einzelnen Fragen und Ihre Antworten durchzudiskutieren.

Übung 4

Besuch des BIZ

Machen Sie, um sich gezielt zu informieren, einen ersten Besuch im nächstgelegenen Berufsinformationszentrum (BIZ) des Arbeitsamtes (Öffnungszeiten beachten!). Denken Sie daran, daß es immer von Vorteil ist, berufliche Alternativen zu haben, Ihre Startbasis ist dann wesentlich besser.

Vorbereitung

Zur Vorbereitung des Besuchs hier einige Vorinformationen. Die Berufsinformationszentren verfügen über folgende Angebote:

1 **Informationstheke**
Eine Mitarbeiterin oder ein Mitarbeiter an der Informationtheke beantwortet Fragen und gibt Tips zur Nutzung des BIZ.

2 **Informationsmappen**
Für weit über 800 Berufe wurden Informationsmappen zusammengestellt. Sie enthalten jeweils eine Kurzbeschreibung des Berufes, Angaben über Aufgaben und Tätigkeiten, über die Ausbildungssituation, über Verdienstmöglichkeiten, spätere Beschäftigungsaussichten, Weiterbildungsmöglichkeiten und Hinweise auf weitere Informationsquellen wie Video-Filme, Dia-Serien und Broschüren.

3 **Bücher/Zeitschriften**
Durch Bücher und ausliegende Zeitschriften kann man sich über einzelne Fragen zu Berufen, zur Arbeitswelt und zu Themen wie Bewerbung und Test vertieft informieren.

4 **Kurzbeschreibungen**
Sie sind nicht nur Teil der Informationsmappe, sondern liegen auch in einem eigenen Regal bereit und können mitgenommen werden.

5 **BIZ-Computer**
Drei Programme stehen Ihnen zur Auswahl:

- Wie finde ich Berufe, die zu meinen Interessen passen?
- Paßt mein Berufswunsch zu meinen Interessen?
- Wie bewerbe ich mich um eine betriebliche Ausbildungsstelle?

Der Umgang mit dem BIZ-Computer ist spielend leicht und macht viel Spaß. Die individuellen Berufelisten und Ergebnisse kann man sich ausdrucken lassen und mit nach Hause nehmen.

6 **Filme**
Über 600 Filme geben in Form von Reportagen jeweils einen Eindruck vom Berufsalltag. Es werden Filme über Einzelberufe und für verschiedene Berufsbereiche angeboten. An der Medientheke äußert man seinen Wunsch, erhält einen Platz an einem Fernsehbildschirm und kann in aller Ruhe den Film ansehen. Selbstverständlich besteht auch die Möglichkeit, sich den Film in der Gruppe anzuschauen.

7 Dia-Serien
Über Einzelberufe und über ganze Berufsfelder (z.B. „Ins Büro gehen“ oder „Berufe rund ums Auto“) stehen Dia-Serien zur Verfügung. Die Arbeitsplätze sind mit einem Bildschirm und einer Tastatur ausgestattet, sowie mit einem Verzeichnis der Einzelberufe und der Berufsfelder, über die man sich informieren kann. Man tippt die jeweilige Kennzahl ein und bekommt dann Fotos zu sehen, auf denen jeweils typische Tätigkeiten des Berufs abgebildet sind.

8 Dokumentationsstelle
Sie bietet weitergehendes Informationsmaterial, Zeitschriften, Bücher, Nachschlagewerke. Sie befindet sich meist in der Mediothek oder in deren Nähe. Die Dokumentationsstelle kann nur mit Hilfe eines BIZ-Mitarbeiters genutzt werden.

Übung 5

Steckbrief

Sammeln Sie Ihre Informationen in einem System.

Machen Sie sich nach dem folgendem Muster — auf der nächsten Seite — einen Steckbrief zu dem Beruf bzw. den Berufen, die Sie interessieren.

Beruf: ....

Voraussetzungen: ....

Schulabschluß: ....

Mehr Chancen mit: ....

Chancen auf Ausbildung: ....

Ausbildungsdauer: ....

Wieviel Azubi-Geld? ....

Wie viele fallen durch? ....

Anstellungschancen: ....

Anfangsgehalt: ....

Arbeitszeit: ....

Urlaub: ....

Sonderleistungen: ....

Extras: ....

Wer sind die Kollegen? ....

Berufskrankheiten: ....

Aufstiegschancen: ....

Gehalt mit 45: ....

Rückkehr in den Beruf: ....

Altersversorgung: ....

Arbeitslosenquote: ....

Frauenanteil: ....

Wo ist der Beruf zu Hause? ....

3. Eine große Inventur

Ein gesundes Selbstbewußtsein ist eine gute Basis für Aufstieg und Karriere. Weil selbstbewußtes Verhalten ein wesentlicher Faktor für Ihren Erfolg im Alltag und im Berufsleben ist, wollen wir uns intensiver damit beschäftigen.

Inventur zu machen bedeutet aber im Zusammenhang mit einer Bewerbung auch zu registrieren, wie andere einen sehen. Darum geht es in diesem Kapitel auch um Selbst- und Fremdeinschätzung, es geht darum, den Ist-Bestand der persönlichen und beruflichen Situation aufzunehmen.

In den Praxisschritten dieses Kapitels werden Ihnen entsprechende Fragebögen und Inventurlisten als Hilfestellung angeboten.

Gesundes Selbstbewußtsein

Einige verwandte Begriffe stehen mit Selbstbewußtsein in enger Beziehung:

Selbst-Sicherheit	Sind Sie sich Ihrer selbst sicher?
Selbst-Vertrauen	Vertrauen Sie auf sich selbst?
Selbst-Verständnis . . .	Haben Sie Verständnis für sich selbst?
Selbst-Bild	Haben Sie ein Bild von sich selbst?
Selbst-Annahme	Nehmen Sie sich selbst an?
Selbst-Achtung	Haben Sie Achtung vor sich selbst?
Selbst-Verantwortung .	Tragen Sie Verantwortung für sich?
Selbst-Kritik	Können Sie Selbstkritik üben?
Selbst-Wert	Kennen Sie den Wert von sich selbst?

Ein gesundes Selbstbewußtsein basiert auf einer positiven Einstellung zu sich selbst. Diese Einstellung wird von den Mitmenschen anerkannt und führt zu weiteren Erfolgserlebnissen. Je mehr Erfolg ein Mensch hat, das heißt, je mehr seiner angestrebten Ziele er verwirklichen kann, desto höher wird im allgemeinen sein Selbstbewußtsein sein. Setzen Sie sich daher stets realistische, also erreichbare Ziele.

Nicht nur die Zeugnisnoten oder der akademische Grad, sondern auch Selbstachtung und Selbstsicherheit machen einen großen Teil des Bewerbungserfolges aus. Ein angeschlagenes Selbstwertgefühl ist mit Unsicherheit und Ängsten verbunden. Man traut sich einfach zu wenig zu, hält sich nicht für gut genug, ist von seiner eigenen Leistung nicht überzeugt. Um Ihre Minderwertigkeitsgefühle und Ihre Unsicherheiten zu überwinden, ist es wichtig, erst einmal alle Argumente zu sammeln, die für Sie sprechen, so daß Sie Ihren Wert genau kennen.

Vier Charaktermerkmale

Zum wirklich selbstbewußten Menschen gehören vier Charaktermerkmale, die von H. Fensterheim und J. Baer sehr präzise in ihrem Buch „Sag nicht Ja, wenn Du Nein sagen willst“ beschrieben werden:

1 Der Mensch mit gesundem **Selbstbewußtsein** scheut sich nicht, sich zu enthüllen. Durch Worte und Handlungen macht er klar: So bin ich! So fühle ich! So denke ich! Und so sehen meine Wünsche aus!

2 Er ist zur **Kommunikation** mit Menschen auf allen Ebenen fähig: mit Fremden, Freunden, mit Angehörigen. Diese Kontaktbereitschaft ist immer offen, direkt, aufrichtig und angemessen.

3 Er hat eine **aktive Lebenseinstellung**. Er strebt nach den Dingen, die er will. Im Gegensatz zum passiven Charakter, der abwartet, daß die Dinge passieren, wird er sie selbst bewirken.

4 Er handelt so, daß er sich achtet. Da ihm bewußt ist, daß ihm nicht alles gelingen kann, akzeptiert er seine Grenzen. Trotzdem versucht er immer wieder, seine Grenzen zu erweitern, so daß er, ob er gewinnt, verliert oder ein unentschieden erreicht, immer seine **Selbstachtung** behält.

Ein wesentlicher Störfaktor für ein gesundes Selbstbewußtsein ist die Furcht, sich unbeliebt zu machen oder abgewiesen zu werden. Wenn Sie bestimmte Situationen fürchten, werden Sie versuchen, diesen Umständen aus dem Weg zu gehen. Das nennt man „Vermeidungsstrategie“ und darin ist so mancher ein wahrer Meister. Durch ein solches, oft regelrecht antrainiertes Verhalten wird das Selbstbewußtsein stark gehemmt. Die aktive Steuerung des Lebens entgleitet einem.

Die fünf Grundrechte des Selbstbewußten

Nach Fensterheim/Baer hat jeder Mensch fünf Grundrechte, die ihm helfen, sein Selbstbewußtsein zu verwirklichen und zu stärken. Nutzen Sie Ihre Rechte, aber denken Sie auch immer daran, daß Ihre Mitmenschen genau dieselben Rechte besitzen!

1 Sie haben das Recht, alles zu tun, solange es niemand anderem schadet oder ihn verletzt.

2 Sie haben das Recht auf ihre persönliche Würde (auch und gerade als Bewerber), indem Sie richtiges Selbstbewußtsein zeigen, solange dahinter Selbstbehauptung und nicht Aggressivität steckt.

3 Sie haben immer das Recht, von jemand anderem etwas zu erbitten, solange Sie daran denken, daß er das Recht hat, Ihre Bitte abzulehnen.

4 Denken Sie daran, daß es in zwischenmenschlichen Beziehungen immer Grenzfälle gibt, wo die Rechte nicht genau abzugrenzen sind. Aber Sie haben immer das Recht, jedes Problem mit den Betreffenden zu diskutieren und zu klären.

5 Sie haben das Recht, Ihre Rechte zu verwirklichen.

Selbstkritik

Auf sein Recht zu pochen, hat noch niemanden weitergebracht. Für Ihre erfolgreiche Bewerbungsstrategie benötigen Sie neben einem gesunden Selbstbewußtsein auch eine gehörige Portion Selbstkritik. Mit ihrer Hilfe können Sie aus der Fülle der Möglichkeiten diejenigen herausfinden, die nicht nur Ihren Eigenschaften entsprechen, sondern die Sie zu Ihren Stärken ausbauen und die Sie als Ihre Schwächen ausmerzen können.

Bestandsaufnahme

Vor jedem Bewerbungsvorhaben muß unbedingt eine bewußte Bestandsaufnahme der eigenen Fähigkeiten, Fertigkeiten, Kenntnisse und Eigenschaften erfolgen. Diese soll dazu dienen, daß Sie Ihre persönlichen Stärken und Schwächen kennen und Ihren Wert bzw. Ihren Nutzen für den Arbeitgeber besser einschätzen können. Mit etwas Systematik geht diese persönliche Inventur leichter. Sie führt allerdings nur zu einem brauchbaren Ergebnis, wenn Sie ehrlich und selbstkritisch sind. Für die richtige Einschätzung Ihrer Person sollten Sie sich klarmachen, daß unser Persönlichkeitsbild durch drei Komponenten beeinflußt wird:

1 Selbstbild — wie ich mich sehe

2 Fremdbild — wie andere mich sehen

3 Wunschbild — wie ich sein möchte

Bei der Beurteilung Ihrer Person sollten Sie diese drei Einflußfaktoren klar auseinanderhalten.

Praktische Arbeitsschritte

Übung 6

Selbsteinschätzung

Im folgenden Fragebogen sind eine Reihe von persönlichen Merkmalen aufgelistet, die im Berufsleben eine wichtige Rolle spielen. Kreuzen Sie bitte bei jeder Eigenschaft an, in welchem Ausmaß diese für Sie zutrifft. Für Ihre Antwort haben Sie sieben Wahlmöglichkeiten; außer den Extremen „sehr stark“ und „sehr schwach“ wird Ihnen noch eine detailliertere Einstufung ermöglicht.

Noch einmal: Seien Sie bei den Antworten sich selbst gegenüber ehrlich! Ihr Wunschbild ist hier nicht gefragt!

Verbinden Sie die Kreuze miteinander, wenn Sie mit der Beantwortung fertig sind; so erhalten Sie das Profil Ihrer Selbsteinschätzung.

Fragebogen Selbsteinschätzung							
Persönlichkeitsmerkmal	AUSPRÄGUNG						
	schwach						stark
aufgeschlossen	①	②	③	④	⑤	⑥	⑦
selbstbewußt	①	②	③	④	⑤	⑥	⑦
tatkräftig, aktiv	①	②	③	④	⑤	⑥	⑦
entschlossen	①	②	③	④	⑤	⑥	⑦
anpassungsfähig	①	②	③	④	⑤	⑥	⑦
selbstbeherrscht	①	②	③	④	⑤	⑥	⑦
zuverlässig	①	②	③	④	⑤	⑥	⑦
kreativ	①	②	③	④	⑤	⑥	⑦
zielstrebig	①	②	③	④	⑤	⑥	⑦

Fragebogen Selbsteinschätzung							
Persönlichkeitsmerkmal	AUSPRÄGUNG schwach						stark
begeisterungsfähig	①	②	③	④	⑤	⑥	⑦
vielseitig	①	②	③	④	⑤	⑥	⑦
ehrgeizig	①	②	③	④	⑤	⑥	⑦
belastbar	①	②	③	④	⑤	⑥	⑦
impulsiv	①	②	③	④	⑤	⑥	⑦
kontaktfreudig	①	②	③	④	⑤	⑥	⑦
tolerant	①	②	③	④	⑤	⑥	⑦
sensibel	①	②	③	④	⑤	⑥	⑦
ausgeglichen	①	②	③	④	⑤	⑥	⑦
kompromißbereit	①	②	③	④	⑤	⑥	⑦
optimistisch	①	②	③	④	⑤	⑥	⑦
mutig	①	②	③	④	⑤	⑥	⑦
sympathisch	①	②	③	④	⑤	⑥	⑦
ungeduldig	①	②	③	④	⑤	⑥	⑦
lernbereit	①	②	③	④	⑤	⑥	⑦
hilfsbereit	①	②	③	④	⑤	⑥	⑦
autoritär	①	②	③	④	⑤	⑥	⑦

Übung 7

Fremdeinschätzung

Da Sie besonders als Anbieter Ihrer Arbeitsleistung nicht in einem Vakuum leben, sagt Ihr Selbstbild allein noch nicht viel aus. So sehen Sie sich selbst.

Aber wie sehen andere Sie, wie werden Sie gesehen? Wie ist das Fremdbild, die Fremdeinschätzung Ihrer Persönlichkeit und Ihres Selbstbewußtseins? Ob Ihre Bewerbung Erfolg hat, hängt ja auch davon ab, wie andere Ihre berufliche und persönliche Qualifikation beurteilen.

Machen Sie Kopien des Fragebogens Fremdeinschätzung und legen Sie diese ihrer Partnerin oder Ihrem Partner und einigen guten Bekannten vor mit der Bitte, Sie in Bezug auf die einzelnen Merkmale einzustufen. Suchen Sie sich Menschen aus, die bereit sind, sich ehrlich mit Ihnen und Ihrer Persönlichkeit auseinanderzusetzen.

Bei einem Vergleich werden Sie sicherlich Abweichungen feststellen. Fassen Sie aber solche abweichenden Einschätzungen und Kritiken nicht als Kränkung auf. Verstehen Sie sie vielmehr als Hilfe, um persönliche Fehler und Defizite aufzudecken. Denn erst, wenn Sie die Mängel kennen, können Sie sie verbessern und beseitigen.

Fragebogen Fremdeinschätzung							
Persönlichkeitsmerkmal	AUSPRÄGUNG						
	schwach						stark
aufgeschlossen	①	②	③	④	⑤	⑥	⑦
selbstbewußt	①	②	③	④	⑤	⑥	⑦
tatkräftig, aktiv	①	②	③	④	⑤	⑥	⑦
entschlossen	①	②	③	④	⑤	⑥	⑦
anpassungsfähig	①	②	③	④	⑤	⑥	⑦
selbstbeherrscht	①	②	③	④	⑤	⑥	⑦
zuverlässig	①	②	③	④	⑤	⑥	⑦
kreativ	①	②	③	④	⑤	⑥	⑦

Fragebogen Fremdeinschätzung							
Persönlichkeitsmerkmal	AUSPRÄGUNG schwach						stark
zielstrebig	①	②	③	④	⑤	⑥	⑦
begeisterungsfähig	①	②	③	④	⑤	⑥	⑦
vielseitig	①	②	③	④	⑤	⑥	⑦
ehrgeizig	①	②	③	④	⑤	⑥	⑦
belastbar	①	②	③	④	⑤	⑥	⑦
impulsiv	①	②	③	④	⑤	⑥	⑦
kontaktfreudig	①	②	③	④	⑤	⑥	⑦
tolerant	①	②	③	④	⑤	⑥	⑦
sensibel	①	②	③	④	⑤	⑥	⑦
ausgeglichen	①	②	③	④	⑤	⑥	⑦
kompromißbereit	①	②	③	④	⑤	⑥	⑦
optimistisch	①	②	③	④	⑤	⑥	⑦
mutig	①	②	③	④	⑤	⑥	⑦
sympathisch	①	②	③	④	⑤	⑥	⑦
ungeduldig	①	②	③	④	⑤	⑥	⑦
lernbereit	①	②	③	④	⑤	⑥	⑦
hilfsbereit	①	②	③	④	⑤	⑥	⑦
autoritär	①	②	③	④	⑤	⑥	⑦
teamfähig	①	②	③	④	⑤	⑥	⑦
kritikfähig	①	②	③	④	⑤	⑥	⑦

Übung 8

Persönliche Situationsanalyse

Sie haben nun von verschiedenen Menschen „feedback“ (Rückmeldung) erhalten. Hat Sie das Ergebnis überrascht? — Mit Sicherheit weichen die Fremdeinschätzungen von Ihrem Selbstbild ab, aber sie werden auch untereinander sehr verschieden sein. Bei Abweichungen von zwei oder mehr Punkten sollten Sie unbedingt ein Gespräch führen, worauf sich diese Einschätzung begründet.

Denken Sie also daran, wenn Sie als „Verkäufer“ Ihrer Arbeitsleistung auftreten, daß auch jeder „Käufer“ Sie anders sieht und auch etwas anderes in Ihnen sieht.

Zu Ihrer Bestandsaufnahme sind im folgenden Leitfragen zur persönlichen Situationsanalyse aufgeführt. Nehmen Sie sich Papier und Bleistift und schreiben Sie Ihre Antworten in Stichworten auf! Seien Sie dabei spontan, ehrlich und genau!

1 Was sind meine wichtigsten positiven Charaktervorzüge und Stärken?

2 Was sind meine größten Schwächen?

3 Bin ich mit meiner persönlichen Situation zufrieden?

4 Wie sehen meine Erfolge aus? Was habe ich erreicht? Wie habe ich die Erfolge erzielt?

5 Was habe ich noch nicht erreicht? Aus welchen Gründen?

6 Wie sieht meine familiäre Situation aus?

7 Welche Einflüsse (positiv und negativ) haben meine Partnerin/mein Partner, meine Kinder, meine Freunde, Verwandte und Bekannte auf mich?

8 Welche Schwierigkeiten erwarte ich für die Zukunft?

9 Wer bzw. was fördert mich in meiner persönlichen Entwicklung?

10 Wer bzw. was hindert mich in meiner persönlichen Entwicklung?

11 Was spricht gegen einen eventuellen Ortswechsel?

12 Was kann ich anderen geben?

Übung 9

Berufliche Situationsanalyse

Um gute Verkaufsargumente zu haben, benötigen Sie auch Klarheit über Ihre fachlichen Fähigkeiten. Die nun folgenden Leitfragen zur beruflichen Situationsanalyse helfen Ihnen, Ihre Fähigkeiten und Kenntnisse genau zu analysieren:

1 Welche besonderen beruflichen Fähigkeiten, Kenntnisse und Erfahrungen besitze ich?

2 Wie sehen die Aufstiegsmöglichkeiten für mich aus?

3 Wie bin ich mit meinen Vorgesetzten ausgekommen?

4 Kann ich mein Wissen und Können richtig einsetzen?

5 Bin ich über- oder unterfordert gewesen?

6 Wie sind die Zukunftsaussichten meiner Branche, meines Berufs? Eher positiv oder eher negativ?

7 War oder bin ich mit meinem Gehalt zufrieden?

8 Wie sehen meine beruflichen Ziele aus?

9 Traue ich mir zu, eine völlig neue Aufgabe zu übernehmen?

10 Habe ich immer den Überblick über alle anstehenden Aufgaben oder gerate ich öfter unter Druck?

Übung 10

Inventurlisten

In den vorangegangenen Schritten haben Sie bereits intensiv Bekanntschaft mit sich selbst gemacht und allmählich haben Sie ein Gefühl für Ihre Leistungsfähigkeit bekommen.

Sie kennen die Argumente, die für Sie sprechen!

*„Wir denken selten darüber nach,
was wir haben,
immer nur darüber, was uns fehlt."*

Beherzigen Sie diesen Gedanken von Arthur Schopenhauer und legen Sie sich nun zwei Inventurlisten an, in denen Sie die Ergebnisse der bisherigen Schritte im Überblick festhalten. Gehen Sie dabei genau und gründlich vor, denn das ist Ihr Kapital, sozusagen der Nutzen Ihres Produktes, den Sie hier darlegen.

Nehmen Sie sich für die Zusammenstellung viel Zeit!

Es genügt nicht, von sich zu behaupten, daß man über ein bestimmtes Talent verfügt. Durch das Eintragen von Belegen in der rechten Spalte der Inventurlisten müssen Sie sich selbst beweisen, weshalb diese Kenntnisse, Fertigkeiten und Fähigkeiten Ihre Schwerpunkte sind.

☛ *Hinweis:* *Im Anhang finden Sie zu den Inventurlisten ein Muster beigefügt, damit Ihnen der Einstieg in Ihre persönliche Inventur leichter fällt.*

Inventurliste 1: Kenntnisse und Fertigkeiten	
Was?	Wo/wann erworben?

Inventurliste 2: Persönliche Fähigkeiten	
Was?	Wobei erprobt? Beispiele?

4. Werbung in eigener Sache

Weil der Begriff „Bewerbung“ das Wort „Werbung“ in sich enthält, wollen wir zuerst einen Blick auf die sprachlichen Zusammenhänge werfen. Werbung bedeutet ursprünglich „sich drehen“ (siehe auch das Wort „Wirbel“), später: hin- und hergehen, sich umtun, bemühen, etwas betreiben, ausrichten, die Aufmerksamkeit auf sich lenken. Im Unterschied dazu ist Reklame (von franz. reclamer, zurückrufen) die bezahlte geschäftliche Werbung. Heute wird mit diesem Wort eher etwas Unseriöses und Marktschreierisches verbunden; Reklame erzielt nur Schein-, aber keine Dauererfolge.

Bewerbung als Werbestrategie

Um etwas tiefer in das Wesen von Werbung einzudringen, lade ich Sie ein, mit mir in Gedanken den Vertreter Herrn Hansen bei einem Kundenbesuch zu begleiten. Ein neues Verpackungsmaterial soll eingeführt werden, und so besucht Herr Hansen zunächst den Einkaufsleiter Herrn Schmitz.

Die gepflegte Erscheinung von Herrn Hansen, seine stattliche Größe und seine geschmackvolle Art, sich zu kleiden, fallen Herrn Schmitz auf. Dazu fühlt er sich durch die Herzlichkeit von Herrn Hansen angesprochen. Die Wärme, die er ausstrahlt, beeindruckt ihn genau so wie die echte Begeisterung für seine Ware. So ist der erste Kontakt gleich hergestellt.

Das Verkaufsgespräch beginnt, und Herr Schmitz erklärt sofort, daß er keinen Auftrag erteilen könne, weil er schon zu viele Lieferanten habe. Seine Bestellungen wolle er nicht noch weiter zersplittern, denn das sei unwirtschaftlich, so erklärt er.
An dieser Stelle zeigt sich, daß Herr Hansen kein Bote ist, der nur Aufträge abholt. Er läßt sich nicht entmutigen. Allerdings begeht er auch nicht den Fehler, durch einen endlosen Redeschwall die ablehnende Haltung von Herrn Schmitz noch zu vertiefen. Herr Hansen zeigt ein Muster, das er wirkungsvoll vorführt, er hebt sachlich und ruhig alle Vorzüge seiner neuartigen Verpackung hervor und beweist an Beispielen, wie kostensparend sie sich auswirkt und wie preiswert sie ist.

Als dann Herr Schmitz noch einmal zu erkennen gibt, daß er nichts bestellen will, bettelt Herr Hansen nicht etwa um einen Auftrag — Bettlern gibt man Almosen — er will Hern Schmitz ja gar nichts aufschwatzen, er wechselt einfach das Thema. Unmerklich führt er das Gespräch so, daß er Herrn Schmitz menschlich packt und aus seiner ablehnenden Haltung herauslockt. Vor allem stellt er Fragen nach den betrieblichen Problemen des Herrn Schmitz, nach seinen persönlichen Interessen.

Schließlich mündet das Gespräch wieder beim Verkaufsthema. Herr Hansen läßt nochmals die Eigenschaften seines Verpackungsmittels in anderem Licht erstrahlen und erwähnt, wie zufrieden andere Firmen mit dieser Verpackung sind. Das beweist er dann auch noch. So gelingt es ihm, Herrn Schmitz zu überzeugen, und dieser erteilt einen Probeauftrag.

Die Hauptmerkmale des Werbens

Aus dem vorhergehenden Beispiel lassen sich leicht fünf Merkmale des Werbens herauslesen:

1 Die Grundlage jeder Werbung ist Vertrauen erwecken und einen nachhaltigen, günstigen Eindruck hervorrufen.

2 Werbung will die Verteidigungsmauer von Abneigung und Ablehnung und die Sperre der Gleichgültigkeit durchbrechen.

3 Werbung soll so wirken, daß der Umworbene sich frei entscheidet und sich dabei möglichst nicht einmal beeinflußt fühlt.

4 Die Werbung muß das Gemüt mit all seinen Neigungen und Schwächen ansprechen und fesseln, denn die Vernunft ist nur eingeschränkt aufnahmebereit.

5 Die Grundgedanken, die beeindrucken sollen, müssen so lange wiederholt werden, bis die Wirkung erreicht ist. Die Mittel, mit denen die Aufmerksamkeit erreicht werden soll, können dabei wechseln.

Die Formel DIBABA

Der Werbelehre geht es also in erster Linie darum, wie die Aufmerksamkeit des Kunden am wirkungsvollsten erregt werden kann. Aber es geht noch um viel mehr, denn die einmal gefesselte Aufmerksamkeit läßt auch schnell wieder nach, wenn es nicht gelingt, ein echtes Interesse zu wecken. Erst ein interessierter Hörer, Leser oder Betrachter ist bereit, die Teile einer Werbebotschaft aufzunehmen, in denen der Kaufwunsch geweckt wird.

Heinz M. Goldmann hat für die Verkaufspsychologie die Formel DIBABA entwickelt. Sie bedeutet:

Stufe	Erläuterung
Definition	Definition des Bedarfs und der Wünsche des Kunden
Identifizierung	Identifizierung des Bedarfs eines Kunden mit dem Charakter des Angebots
Beweis	Beweisführung, daß das Angebot mit den Wünschen des Kunden identisch ist
Annahme	Herbeiführung der Zustimmung des Kunden
Begierde	Kauflust, Drang zum Kauf
Abschluß	Kauf

Das Selbstinserat

Der deutsche Werbefachmann Wündrich-Meißen gibt als sein Rezept an, wie man erfolgreiche Anzeigen gestalten kann:

1 Blickfang

2 Neugierweckung durch Schlagzeile

3 Story

4 Moral

5 Überleitung zur angebotenen Leistung

6 Bedarfsweckung (durch Argumente)

7 Gegenüberstellung von Leistung und Preis

8 Einwandwiderlegung

9 Antrieb zum Handeln

Wenn man sich seines Berufsziels sicher ist, gibt es die Möglichkeit, selbst die Initiative zu ergreifen: ein Selbstinserat oder man kann auch sagen ein Stellengesuch.

Ein solches Stellengesuch soll eine Werbung um einen Arbeitsplatz sein. Geworben werden soll mit den eigenen Kenntnissen und Fähigkeiten, dem Spezialwissen und der gesamten Persönlichkeit.

Angesprochen werden soll der künftige Arbeitgeber in der Person eines Personalfachmanns oder eines anderen Verantwortlichen im Unternehmen.

Da Sie mit einer Stellengesuchs-Anzeige in der Regel einen Profi im Personalwesen erreichen wollen, bedenken Sie immer, daß ein Stellengesuch in den Grundzügen eine durchdachte Bewerbung sein muß in ihrer kürzesten und prägnantesten Form.

Das Gerüst für ein Selbstinserat

Die Frankfurter Allgemeine Zeitung hat in ihrer Broschüre: „Die erfolgreichen Stellengesuche in der FAZ“ wichtige Kriterien zusammengestellt, die Sie unbedingt bei einer Eigenanzeige berücksichtigen sollten, wenn Sie damit Erfolg haben wollen.

Zum Textinhalt einer Stellengesuchs-Anzeige gehört:

1 **Die Berufsbezeichnung** des Stellensuchenden (wenn vorhanden mit Hierarchiestufe)

2 **Persönliche Daten**: unbedingt Altersangabe

3 **Die Ausbildungsdaten:** Schulen, Abschlüsse

4 **Die Berufspraxis**: wieviele Jahre, als was, in welchem Einsatzgebiet

5 **Die Branche,** in der Sie tätig waren oder sind

6 **Das eigentliche Stellengesuch**: sucht neue, verantwortungsvolle Aufgabe...

7 **Genaue Zielbeschreibung**:...sucht neue Aufgaben als... in der... Abteilung eines ...-Betriebes im Raum...

Notwendige Vorüberlegungen

Bevor man sich an das Formulieren eines Selbstinserates begibt, ist einiges zu überlegen. Denn eine solche Anzeige erfordert viel Geschick und sprachliches Können und nicht zuletzt natürlich auch Geld.

1 Der Text der Anzeige muß informativ, aber kurz sein, da jede Zeile ihr Geld kostet. Deshalb muß man sich immer auch die Frage stellen, wie sinnvoll überhaupt die Aufgabe eines Eigeninserates ist. Die Frage ist nicht eindeutig zu beantworten, denn Großunternehmen inserieren zwar normalerweise selbst (schon alleine zum Zweck der Werbung für das Unternehmen), aber

auch Stellengesuche finden dort Beachtung. Bei kleineren und mittleren Unternehmen ist die Stellengesuchs-Anzeige eine beliebte, weil preiswerte Methode, neue Mitarbeiter zu gewinnen.

2 Die Anzeige muß in Form und Inhalt möglichst wirkungsvoll gestaltet sein, damit sich die Investition lohnt. Sorgen Sie selbst bei der Aufgabe Ihres Inserates mit dafür, daß die Anzeige optimal plaziert wird und sich von der Umgebung möglichst abhebt.

3 Zu empfehlen ist grundsätzlich eine zweispaltige Anzeige. Sie haben dann genügend Platz für eine große Überschrift. Damit erregen Sie die Aufmerksamkeit. Außerdem kann man so häßliche und nichtssagende Abkürzungen vermeiden.

4 Vor allem dann, wenn man in einem ungekündigten Arbeitsverhältnis steht, sollte man die Form der „Chiffre-Anzeige" wählen. Alle anderen Stellensuchenden sollten dies offen tun, das heißt, ihren Namen, die Telefonnummer oder ihre Anschrift angeben. Firmen bevorzugen die schnelle, unkomplizierte Kontaktaufnahme.

5 Es muß genau überlegt werden, in welcher Zeitung das Inserat erscheinen soll. Jede Zeitung hat ihre typische Leserschaft. Der beste Weg ist, zuerst ein Gesuch in der Samstagsausgabe der regionalen Presse aufzugeben. Beachten Sie bei der Auswahl der Zeitung auch die Werbezeitungen mit Lokalzeitungscharakter. Sind Sie bereit, Ihren Wohnort zu wechseln und eventuell im Ausland zu arbeiten, dann sollten Sie in einer überregionalen Zeitung inserieren.

6 Bei den einzelnen Zeitungsverlagen kann man sich über die Branchenverteilung der Stellenanzeigen und über die Leserschaft informieren. Was die einzelnen großen überregionalen Zeitungen anbelangt, gilt im Überblick folgendes:
Besonders wichtig in der FAZ sind: Fachaufsätze über Beruf und Bewerbung, Auslandsstellen, Führungskräfte, Außendienst, Pharmareferenten, Repräsentanten und Versicherungen. Die Leserschaft der „Welt" ist breiter gefächert, nicht so sehr Angebote mit Superstellen; Service: Berufs-Welt. Das gleiche gilt für die „Süddeutsche", die regionale und überregionale Anzeigen enthält. Die „Zeit", die jeden Donnerstag erscheint, ist in ihren Anzeigen stärker auf Wissenschaft, Medizin, Pädagogik, Sozialarbeit, Forschung und Lehre konzentriert.

7 Für Berufe mit sehr speziellen technischen, kaufmännischen oder anderen Kenntnissen empfiehlt es sich in jedem Fall, zunächst in der entsprechenden Fachzeitschrift zu inserieren. Fachzeitschriften geben dem Bewerber gute Chancen, eine sehr scharf abgegrenzte Lesergruppe anzusprechen. Informationen über spezielle Zeitschriften bieten die Fachverbände und Arbeitsgemeinschaften der verschiedenen Wirtschaftszweige. Ansprechpartner ist dort die jeweilige Pressestelle.

Gründe für ein Eigeninserat

Nach meiner Ansicht gibt es zwei gute Gründe, die für ein Eigeninserat sprechen:

1 Eine Stellengesuchs-Anzeige verbessert die Chancen des Stellensuchenden, weil viele Unternehmen bei der Suche nach geeigneten Mitarbeiterinnen und Mitarbeitern nicht sofort ein Stellenangebot aufgeben. Sie suchen zuerst im eigenen Unternehmen und studieren die Stellengesuche (was ja auch billiger ist) und geben in der Regel erst dann ein Stellenangebot auf. Höhere Chancen hat der Bewerber auch deshalb, weil er sich nicht unter einer Vielzahl von Bewerbern durchsetzen muß.

2 Das Stellengesuch zeichnet den Bewerber aus, weil er sichtbar etwas in die Stellensuche investiert. Er wartet nicht einfach ab, bis ein passendes Stellenangebot erscheint. Initiative und Aktivität sind gefragt.

Praktische Arbeitsschritte

Übung 11

Richtig oder Falsch?

Lesen Sie aufmerksam folgendes aus dem Rahmen fallende Inserat:

Es wäre zwecklos

von mir zu verlangen, daß ich Ihnen Plakate entwerfe oder Inseratenstarts ausbrüte.

Denn ich kann nichts

anderes als Texte schreiben, von denen ich wirklich nicht weiß, wie man sie noch besser machen könnte: Destillate aus Ideen und Erfahrungen, reife Früchte vom Baum werbewissenschaftlicher Tiefseeforschung, Texte mit Schmiß und Pfiff, die mich selbst immer wieder zu stürmischer Bewunderung hinreißen. Mein Register erstreckt sich von der Markenartikel-Lyrik bis zur brieflichen Dampfhammer-Suggestion, und der Verkauf von teuren Inseraten erfüllt mich mit der gleichen Leidenschaft wie der von sauren Gurken. Sicher, auch ich weiß keine Patentlösung. Ich weiß nur, daß ein guter Text mehr Erfolg bringt als ein schlechter, und schließe daraus, daß meine bisherigen Texte gut waren. Und angesichts der Möglichkeit, daß sie es auch weiterhin sind, empfehle ich Ihnen dringend:
Wenn Sie ein Aufgabengebiet haben, das einen gewandten Texter zur Plünderung seiner letzten geistigen Reserven verlocken kann,
dann schreiben Sie an..... unter xyz und stellen Sie inzwischen die Bäume bereit, die ich bei Ihnen auszureißen habe.

☛ **Aufgabe:** *Sprechen Sie mit Ihrer Lebenspartnerin/Ihrem Lebenspartner über den Text, und nehmen Sie Stellung zu der Anzeige. Was spricht Sie an, was ist abstoßend.*

☛ *Hinweis:* *Im Anhang finden Sie ein paar Hinweise, die Sie aber erst später lesen sollten!*

Übung 12

Analyse von erfolgreichen Eigeninseraten

Bei der Frage, ob ein Stellengesuch gut oder schlecht war, zählt der Erfolg. Auf den folgenden Seiten sind Stellengesuche wiedergegeben, die in der FAZ erschienen sind und die genannte Anzahl von Zuschriften erbracht haben. Die Beispiele sind der bereits erwähnten Broschüre „Die erfolgreichen Stellengesuche in der FAZ" entnommen. Sie erhalten dieses Heft auf Anfrage kostenlos beim Verlag der FAZ.

Überprüfen Sie diese Beispiele mit Hilfe der Punkte 1 — 7 des Kriterienkatalogs!

Controller

39 Jahre, qualifizierter Praktiker, nachweisbare Erfolge in der Konzeption und Realisierung von Programmen zur Ergebnisverbesserung, langjährige Erfahrung bei namhaften Unternehmen als Führungskraft in den Bereichen Finanzbuchhaltung, Kostenrechnung, Unternehmensplanung, EDV, Organisation und Personalwesen, kein reiner Verwaltungsmann, sondern mit Einbindung der Bereiche Technik und Vertrieb bemüht, sieht seine Aufgabe in der Planung, Kontrolle und Steuerung zur Optimierung der Kosten/Leistungsverhältnisse im Unternehmen, sucht neue anspruchsvolle Aufgabe.
Angebote erbeten unter...an die Frankfurter Allgemeine, Postfach ...., 6000Frankfurt am Main 1.

24 Offerten

Außendienstmitarbeiter

Gelernter Großhandelskaufmann, mit 5jähriger Außendiensterfahrung sucht neuen Wirkungskreis im Bereich Württemberg/Oberschwaben.
Zuschrift unter... an die Frankfurter Allgemeine. Postfach...,6ooo Frankfurt am Main 1.

24 Offerten

Dipl.-Ing. Maschinenbau

38 Jahre, vielseitig ausgebildet, mit vertieften Kenntnissen in

- **Mechanik (Festigkeit, Schwingungstechnik, Strömungstechnik, Rheologie),**
- **Thermodynamik und**
- **Mathematik.**

sucht leitende Position im Entwicklungsbereich der Chemie, Energietechnik oder des Maschinenbaus.
Zuschrift unter...,an die Frankfurter Allgemeine. Postfach....,6oooFrankfurt am Main 1.

11 Offerten

Personalfachmann

39 J., in ungek. Stellung, erfahrener Praktiker im Personalwesen (Angestellte und Gewerbliche).

Schwerpunkte: Personalbeschaffung, Personalbetreuung und Personalverwaltung. Fundierte Kenntnisse im Arbeitsrecht sowie im Betr.VG, gute Englischkenntnisse, sucht entspr. Position.

Zuschrift unter....,an die Frankfurter Allgemeine, Postfach...,6oooFrankfurt am Main 1.

14 Offerten

Verkaufsleiter

35 Jahre, Praktiker mit langjähriger Vertriebserfahrung im Investitions- und Gebrauchsgüterbereich, in den europäischen Märkten Skandinavien, Österreich, Schweiz, BRD; fundierte Kenntnisse in Zielgruppenstrategie, Organisation, Planung, Kontrolle; stark serviceorientiert; Erfahrung im internationalen Marketing und Transportwesen; Englisch fließend, Französich ausbaufähig; sucht leitende Führungsposition in Dienstleistungs-, Investitionsgüter- oder Gebrauchsgüterunternehmen.
Zuschriften unter ... an die Frankfurter Allgemeine, Postfach...,6ooo-Frankfurt am Main 1.

20 Offerten

Kfm. Führungskraft

Controlling
Materialwirtschaft

Betriebswirt (grad.), 39 J., langj. Erfahrung in Stabs- und Führungsposition (Einkauf, betriebl. Rechnungswesen, Planung, Kosten).
Suche herausfordernde Aufgabe im betrieblichen Rechnungswesen oder Einkauf.
Zuschriften unter...Frankfurter Allgemeine, Postfach...,6ooo Frankfurt am Main 1.

17 Offerten

Contoller (Bank)

34 J., verh., mehrj. Erfahrung in Steuern, Bilanzierung, Berichtswesen, Provitcenterrechnung, sucht neuen Wirkungskreis.
Angebote unter... an die Frankfurter Allgemeine, Postfach...., 6ooo Frankfurt am Main 1.

10 Offerten

EDV-Fachmann

35 Jahre, 14 Jahre EDV-Erfahrung. Systeme IBM/370, 4341, /34, RPG, Assembler, PL/I, in allen kaufmännischen Bereichen, sucht in mittlerem Unternehmen selbständigen Tätigkeitsbereich, bevorzugt Großraum Stuttgart.
Angebote unter... an die FAZ, Postfach ..., 60000 Frankfurt/Main 1.

15 Offerten

Übung 13

Kritische Textanalysen

Die folgenden Beispiele sollen illustrieren, was den Erfolg eines Selbstinserats in Frage stellen kann. Da es nur um die Formulierung des Textes geht, habe ich den Aspekt hier ganz außer acht gelassen, daß der Erfolg natürlich auch vom realen Bedarf des Arbeitsmarktes abhängig ist.

Schauen Sie sich die Anzeigen auf dieser und den folgenden Seiten an, und nehmen Sie die Texte unter die Lupe! Ich weise jeweils nur auf die wesentlichen Fehler hin; Sie entdecken sicherlich noch andere Schwächen der Anzeigentexte. Beachten Sie bei Ihrer Kritik auch wieder die Grundsätze der Werbelehre.

Edelstahl und Werkzeuge

Kaufmann

verhandlungs- und diktatgewandt, mit ausgezeichneten Marktkenntnissen, vielseitig, rührig, wendig, 48J., z.Z. Korrespondenz- und Büroleiter, bietet wertvolle Mitarbeit an, wo größere Aufgabe in entwicklungsfähiger Position gestellt wird.

Zuschriften unter...

Für jemanden, der 48 Jahre alt ist, ist es mit Sicherheit immer schwierig, eine Position zu finden. Ein Kaufmann in diesem Alter fordert allerdings, was seine Stellung betrifft, das Höchste.

Zu bemängeln sind außerdem die Überschrift und die Verwendung eines Wortes wie „rührig".

Diplom-Volkswirt

32 J., engl., span. und gute franz. Kenntnisse, gute jur. Ausbildung. Examen „befriedigend" (BWL „gut"), Kfm.-Gehilfen-Prüfung „gut", sucht Anfangsstellung.
Zuschriften erbeten unter...

Falsch ist es, mit 32 Jahren eine Anfangsstellung anzustreben. Selbst wenn man tatsächlich noch keine praktische Berufserfahrung hat, sollte man nicht unbedingt ausdrücklich darauf hinweisen.

Was die Angabe der Zensuren betrifft, ist es mit 32 Jahren relativ uninteressant, wie man die Kaufmanns-Gehilfen-Prüfung bestanden hat. Im Beispiel wird so der Eindruck erweckt, daß man mit seinem „Befriedigend“ unzufrieden ist. Wem ein „Befriedigend“ zu wenig ist, der wird ohnehin auf diese Anzeige nicht reagieren.

Industrie-Kaufmann

33 J., mit schwedischer Hochschulausbildung, erfahren in Verkaufsorganisation, ausgezeichnete Kenntnisse in deutscher, franz., engl., schwedischer und türkischer Sprache, sucht geeignete Dauerstellung.
Zuschriften erbeten unter:

Die ungewöhnlich zahlreichen Sprachkenntnisse gehören in den Blickfang als Schlagzeile; was kann der Leser mit der Berufsbezeichnung *Industrie-Kaufmann* anfangen?

Kaufmann

als Verkaufsleiter in ungekündigter Stellung tätig, mit guten Exporterfahrungen, englischer Dolmetscher- und spanischer Handelskorrespondentenprüfung, franz. Kenntnisse, 25 Jahre alt, sucht sich per 1.1. 19.. oder später zu verändern.
Zuschriften erbeten unter...

Wer mit 25 Jahren bereits Verkaufsleiter ist und trotzdem eine neue Stellung sucht, erweckt allein durch diese Tatsache Mißtrauen. Was steckt wirklich hinter dem angestrebten Stellenwechsel? Vielleicht persönliche Querelen oder ähnliches?

TEAM (3) VERKAUF

24/23/20, männl., Ausb. Industriekaufm.,
sucht Aufgabe im Verkauf Innendienst,
Angebote unter ...

Eine solche Anzeige wird wohl kaum Erfolg haben können. Welche Firma sucht schon drei Mitarbeiter zur gleichen Zeit, für gleiche Tätigkeiten?

> **HILFE**
>
> Wer hilft mir, sechs hungrige Mäuler zu stopfen? 34 jährige kfm. Angestellte sucht ab sofort selbst. Tätigkeit, Gehaltsforderung: 3.700 DM
> Angebote unter Chiffre xyz...

Hier hat jemand versucht, Mitleid zu erregen. Bei aller persönlichen Tragik, die sich dahinter verbergen mag, muß man daran denken, daß Firmen Wirtschaftsunternehmen sind und keine caritativen Einrichtungen.

Zum anderen muß man auch fragen, was diese Frau eigentlich zu bieten hat. Sie sagt in ihrem Inserat nur etwas über ihre persönlichen Verhältnisse, aber nichts über ihre Qualifikation.

> **RA. u. BÜR.VORST.**
>
> 51 J. Kr., ungek., sucht gr. Wirkungskreis, auch Ind., Vers. oder Bank.
> Angebote unter...

Abkürzungen sollten dem Leser keine Rätsel aufgeben. Ohne weiteres darf man zum Beispiel engl., frz., techn., kaufm. schreiben. Nur auf die „selbstgestrickten" Abkürzungen muß man unbedingt verzichten.

> **WELCHE BAUUNTERNEHMUNG**
>
> sucht jungen, strebsamen, ledigen
>
> **BAUINGENIEUR**
>
> der zu seiner Unkenntnis dazulernen will?
> Angebote erbeten unter...

Auch hier fehlen wieder nähere Angaben über die Qualifikation. Noch schlimmer aber ist die Tatsache, daß die mangelnde Berufserfahrung negativ ausgedrückt ist: „...der zu seiner Unkenntnis ...". Außerdem ist die Ausdrucksweise schlichtweg falsch, denn will der Inserent wirklich zu seiner Unkenntnis noch weitere Unkenntnis hinzulernen?

Mangelnde Berufserfahrung kann man besser ausdrücken:

...der tatkräftig und gewandt ist, aber noch keine Berufserfahrung nachweisen kann,
...möchte nach erfolgreichem TH-Studium praktische Erfahrungen sammeln.

BAUINGENIEUR

HTL., Hoch-, Tief-, Brücken- und Straßenbau, im Orient tätig (Irak), sucht, da Vertrag beendet, ab 1. April neuen Wirkungskreis. Tropentauglich, gesund, langjährige praktische Erfahrung. Tätigkeit im Irak bevorzugt.
Eilangebote unter...

Hier hätte natürlich „Tätigkeit im Irak bevorzugt" besonders hervorgehoben werden müssen. Es gibt bestimmt Firmen, die zur Verwirklichung von Bauvorhaben im Irak oder in anderen Ländern des Nahen Ostens Techniker suchen. Warum sie nicht gleich auf diesen entscheidenden Punkt aufmerksam machen?

Ein Hinweis auf Sprachkenntnisse wäre hier auch von Vorteil. Außerdem sollte man niemals ein Wort wie Eilangebote verwenden, auch wenn es noch so eilig ist. Nur allzu leicht erweckt man einen unnötigen Verdacht.

PERSÖNLICHKEIT

langjährige Berufserfahrung als Biologe und Landwirt, sucht , gestützt auf beste Zeugnisse, fachliche und menschliche Beurteilung, leitende Stellung in der Industrie (bes. Heilmittel-, Lebensmittelindustrie).

Wer schreibt nicht alles, er sei eine Persönlichkeit. Sagt dieser Begriff etwas darüber aus, wessen man fähig ist und was man alles kann? Der Inserent legt auffallend Wert auf das Wort Persönlichkeit, aber nicht auf seinen durchaus interessanten Berufsweg. Das ist falsch.

Hier wird sich erweisen, ob ich noch etwas kann!

Bank- und Industriekaufmann

57 Jahre alt, Geschäftsführer eines Betriebes mit 400 Mitarbeitern, interessiert sich für eine neue Position in Industrie, Handel oder Dienstleistungsgewerbe. Es wird nur eine Vertrauensstellung angestrebt. Wer einen tüchtigen, zuverlässigen Kaufmann sucht, der in allen kaufmännischen Bereichen zu Hause ist, findet einen verantwortungsbewußten Mitarbeiter. Kurzfristige Eintrittsmöglichkeit.

Ältere Stellensuchende machen es sich noch schwerer, als sie es ohnehin schon haben. Mit diesem Text macht der Auftraggeber das ganze Dilemma sichtbar, in dem er sich befindet:

1 Er hat sich bereits des öfteren ohne Erfolg beworben und erklärt nun schon in seiner Schlagzeile, daß er eigentlich selbst nicht recht daran glaubt, daß er noch etwas kann. Unter gar keinen Umständen darf aus einem Bewerbungsschreiben eine gewisse Resignation erkennbar werden.

2 Der Inserent macht erhebliche Abstriche. Er sucht nicht eine Position als Geschäftsführer und nicht in dem ihm vertrauten Bereich (Industrie). Er erklärt praktisch rundheraus, daß er jede Sache annimmt, wenn er nur etwas bekommt.

3 Der Satz „Es wird nur eine Vertrauensstellung angestrebt" ist zweideutig; er kann so ausgelegt werden, daß vermutlich das Vertrauensverhältnis zum jetzigen Chef gestört ist. Dieser Verdacht wird noch erhärtet durch den Hinweis auf kurzfristige Eintrittsmöglichkeit, demzufolge der Inserent gekündigt ist. In diese Anzeige sind so viele negative Momente hineingeschrieben worden, daß der Erfolg von vornherein fragwürdig ist.

Übung 14

Textbausteine

Sammeln Sie gezielt aus aktuellen Anzeigenteilen in der Zeitung Selbstinserate mit Stellengesuchen in ihrer Branche, in Ihrem Beruf! Notieren Sie sich Textbausteine und Formulierungen, die Ihnen zusagen.

Übung 15

Schema für einen Entwurf

Auch wenn Sie noch nicht entschieden sind, ein Selbstinserat in der Zeitung aufzugeben, entwerfen Sie ein Stellengesuch, das auf Sie und Ihr berufliches Ziel zugeschnitten ist. Die Mühe lohnt sich, weil Sie sich zwingen, Ihre Vorstellungen „auf den Punkt zu bringen". Stellen Sie Ihren Entwurf zur Diskussion!

Beruf: . . . . Branche: . . . .

Alter: . . . . Pers. Qualitäten: . . . .

Fachkenntnisse: . . . .

. . . .

. . . .

Berufserfahrung in: . . . .

. . . .

. . . .

Letzte Stellung als: . . . .

. . . .

Sucht Aufgabe als: . . . .

. . . .

Zuschriften erbeten unter:

unter: . . . . an . . . .

5. Die Analyse von Anzeigen

Wie bereits in den vorhergehenden Kapiteln festgestellt wurde, werden sehr viele Arbeitsplätze über Stellenanzeigen besetzt. Der Stellenmarkt in den Samstagsausgaben der Tageszeitungen bietet dem Stellensuchenden eine vielfältige Auswahl. Neben den regionalen Zeitungen ist für qualifizierte Fach- und Führungskräfte das Studium der überregionalen Tageszeitungen und Wochenzeitungen wichtig. Auch Fachzeitschriften können für bestimmte Berufe interessante Möglichkeiten bieten. Und nach meinen Erfahrungen bieten in vielen Berufen und Bereichen auch die Anzeigenteile von regionalen Werbezeitungen, die man kostenlos in den Briefkasten geworfen bekommt, einen sehr interessanten Stellenmarkt. Dazu gehört auch die Annoncenzeitung AVIS, die man an vielen Zeitungsständen für eine Mark kaufen kann.

Floskeln und Klischees

Teilweise sind die Stellenanzeigen in deutschen Tageszeitungen allerdings ziemlich einfallslos und unterscheiden sich in Text und optischer Gestaltung kaum voneinander. Häufig werden nichtssagende und beliebig austauschbare Floskeln verwendet, die dem Leser keine wirklichen Informationen liefern.

Hier ein paar Kostproben, die häufiger zu lesen sind und regelrecht für sich selbst sprechen:

- „Es handelt sich um eine Stelle, die jedem das Herz höher schlagen läßt."
- „Diese Chance sollten Sie ernsthaft prüfen!" oder „Es gibt harte Nüsse zu knacken!"
- „Wir denken an eine funkensprühende, intelligente Führungskraft. Sie sollte nach Möglichkeit über ausgesuchte Umgangsformen verfügen."
- Formulierungen wie: „Wir suchen einen Personalleiter. Er sollte nach Möglichkeit selbständig arbeiten." garantieren den reinsten Lacherfolg.
- Mit der Anforderungsart: „Elastisches Durchsetzungsvermögen" wird ebenfalls gerne eine nichtssagende, aber vielleicht gefährlich werdende Fähigkeit des Bewerbers formuliert.
- Reichlich euphorisch ist oft das Leistungsangebot der Firmen, wenn man liest: „...nach oben sind selbstverständlich keine Grenzen gesetzt." oder auch „Finanzielle Konditionen werden großzügig geregelt."
- Besonders schön ist die Formulierung: „Wir bieten dem geeigneten Mitarbeiter ein Gehalt, das sich sehen lassen kann."

Namensanzeigen oder Chiffre-Anzeigen

Eine systematische Vorgehensweise beim Studium der Stellenanzeigen ist also für den Stellensuchenden eine Notwendigkeit. Bei den Stellenanzeigen unterscheiden wir die beiden großen Gruppen Anzeigen mit Firmennamen und „Chiffre-Anzeigen". Natürlich stoßen die Namensanzeigen auf größeres Interesse, denn da weiß man, mit wem man es zu tun hat. Außerdem werden in zunehmendem Maße Stellenangebote für besonders qualifizierte Fach- und Führungskräfte unter dem Namen von Personal- und Unternehmensberatungen geschaltet.

Bei Chiffre-Anzeigen tappt man zunächst im Dunkeln. Vorsicht ist geboten, um nicht böse Überraschungen zu erleben. Allerdings sollte man die Furcht vor solchen Anzeigen auch nicht zu weit treiben. Denn, daß manche Firmen die Chiffre dem Namen vorziehen, kann beispielsweise wettbewerbliche Gründe haben: die Konkurrenz soll nicht gleich merken, daß man für ein ganz bestimmtes Gebiet eine Fachkraft braucht. Es gibt auch Firmen, die gar keine neuen Mitarbeiter suchen, aber trotzdem aufwendige Stellenanzeigen aufgeben. Die Konkurrenz soll denken, es ginge der betreffenden Firma gut, trotz entgegenlautender Gerüchte. Und zwar so gut, daß sie neue Arbeitnehmer einstellen muß. Nicht selten erscheinen auch Anzeigen von Stellen, die intern längst vergeben sind. Stadtverwaltungen oder andere behördliche Einrichtungen sind verpflichtet, bestimmte Positionen zu veröffentlichen.

Grundsätzliche Fragen

Egal auf welche dieser Stellenanzeigen Sie sich bewerben, vor der Bewerbung sollten Sie jede Anzeige sorgfältig nach unterschiedlichen Gesichtspunkten analysieren, um die beiden folgenden Fragen beantworten zu können:

1 Erfülle ich die Anforderungen der Stelle?

2 Eignet sich das Unternehmen für meine Bewerbung?

Untersuchen Sie die Anzeige daraufhin, ob die Formulierungen schwammig und unpräzise sind oder genaue Auskünfte gegeben werden. Werden die zu besetzende Position und die Aufgaben detailliert oder nur verschwommen dargestellt? Werden die Voraussetzungen und Anforderungen der Stelle genannt, die Aufstiegsmöglichkeiten usw.? Was sagen der Text und die Gestaltung der Anzeige über das Unternehmen aus?

Informationen über das Unternehmen

Da die Informationen über das Unternehmen im Anzeigentext meistens nur Werbecharakter haben und der Informationsgehalt zu spärlich ist, muß ein interessierter Bewerber sich zusätzliches Wissen über das Unternehmen aneignen.

Deshalb schreibe ich hier nachfolgend eine Liste mit möglichen Informationsquellen auf, die vielleicht gute Dienste tun kann.

1 „Handbuch der deutschen Industrie", Hoppenstedt-Verlag

☛ *Tip:* *Steht in vielen Stadtbibliotheken.*

2 „Wer gehört zu wem?" (Commerzbank)

3 Industrie- und Handelskammer

4 Arbeitgeberverbände

5 Branchentelefonbuch

6 ABC der Wirtschaft (Buchserie)

7 Handelsregister-Auszug (wird beim Amtsgericht geführt)

8 Auskunfteien wie Schufa oder Schimmelpfennig

9 Firmenspiegel für Bewerber, Veröffentlichung der FAZ

10 Firmen laden ein, Veröffentlichung der FAZ

11 Handelsblatt (freitags mit Zusatz „Karriere")

12 PR-Abteilung der Firma (Firmenprospekt)

13 Branchenpublikationen wie z.B. „Textilwirtschaft"

14 Ihr Arbeitsberater

15 Spezialhefte (Berufe spezial, Wirtschaftswoche, Capital, Impulse...)

Aufbau einer Stellenanzeige

Klar gegliederte Anzeigen haben in der Regel folgenden Aufbau:

1 Wir sind?
Aussagen über das Unternehmen, Branche, Firmentätigkeit, Standort der Firma, Größe, Firmenstil, Firmensignet

2 Wir haben!
Aussagen über die freie Stelle z.B. Grund für die Ausschreibung, Aufgabenbeschreibung, Verantwortungsumfang, Entwicklungschancen

3 Wir suchen!
Aussagen über die Anforderungen z.B. Vorbildung, Kenntnisse, Fähigkeiten, Berufserfahrung, persönliche Eigenschaften

4 Wir bieten!
Aussagen über das Entgelt, Hinweis auf Lohn- und Gehaltshöhe, Wohnungshilfe, Fahrgeld, soziale Leistungen

5 Wir bitten um!
Nennung der Bewerbungsunterlagen, Lebenslauf, handschriftliche Bewerbung, Lichtbild, Zeugnisse, persönliche Vorstellungen

Als Faustregel können Sie gelten lassen: Je mehr Fakten eine Stellenanzeige bietet, um so interessanter ist sie. Überprüfen Sie die Anzeige nach Sachlichkeit, Klarheit und Ehrlichkeit. Mißtrauen ist geboten bei allen allgemeinen Redensarten, unseriösen Versprechungen und hochtrabenden Formulierungen.

Ton und Sprache

Sehr hilfreich ist es schließlich, wenn man genauer den Ton einer Anzeige prüft. Schreibt die Firma gestelzt, „von oben herab“? Schimmert ein Unteroffiziersjargon früherer Zeiten durch oder ist die Sprache frisch, natürlich und verbindlich?

Ein weiterer Punkt, auf den Sie noch unbedingt achten sollten: das Verhältnis zwischen „geboten wird“ und „gefordert wird“. Ist fast der ganze Text mit Forderungen und Wünschen ausgefüllt, oder sagt die Firma auch, was sie Ihnen zu bieten hat?

Eine kleine, aber wichtige Einschränkung zum Schluß: In vielen Firmen werden solche Anzeigen von Mitarbeitern der Personalabteilung verfaßt, die nicht das geringste Fingerspitzengefühl für Textarbeit oder sogar Werbetextarbeit haben. Oft sind also ungeschickte, wenig ansprechende Formulierungen kein böser Wille, sondern einfach nur Unvermögen.

Anders ausgedrückt: Schenken Sie den Punkten, die hier angesprochen sind, genaue Beachtung, aber überschätzen Sie ihren Wert nicht. Verlassen Sie sich auch ein wenig auf Ihren gesunden Instinkt. Wenn eine Anzeige Sie irgendwie negativ anspricht, dann achten Sie auf dieses Gefühl und seien Sie vorsichtig. Aber lassen Sie sich ebenso nicht allzu schnell von einer intensiveren Beschäftigung mit der Anzeige abhalten. Machen Sie sich die Mühe und prüfen Sie selbst nach, was dafür und was dagegen spricht, sich zu bewerben.

Praktische Arbeitsschritte

Übung 16

Analyse einer Stellenanzeige

Analysieren Sie schriftlich folgendes Beispiel, indem Sie den Aufbau der Anzeige genau untersuchen: Notieren Sie sich zu jedem Absatz der Anzeige ein passendes Stichwort. Beurteilen Sie dann die Anzeige nach ihrem Informationsgehalt. Treffen Sie eine Entscheidung, ob und in welcher Form (schriftlich oder telefonisch) Sie sich bewerben würden. Begründen Sie Ihre Entscheidung!

HANSA-SCHUHE das erfolgreiche Unternehmen im Schuheinzelhandel mit über 400 Verkaufsstellen im Bundesgebiet, sucht für seine umsatzstarke Verkaufsstelle in ... die

Vertretung (männlich/weiblich) des

Bezirksverkaufsleiters

Ihr Chef führt eines unserer größten Häuser und betreut zusätzlich weitere Verkaufsstellen. Während seiner Abwesenheit führen Sie die Mitarbeiter und sind für den reibungslosen Ablauf in Ihrer Vekaufsstelle verantwortlich. Zusätzlich sind Sie Ansprechpartner für die mitbetreuten Filialen. Selbstverständlich werden Sie auf diese Aufgabe in einer mehrmonatigen Ausbildung gründlich vorbereitet.

Wir erwarten von Ihnen:
- Erfahrung im Verkauf
- Überdurchschnittliche Einsatz- und Leistungsbereitschaft
- Die Fähigkeit, Ihre Mitarbeiter zu motivieren und zu führen

Wir bieten Ihnen:
- Ein Gehalt, das der Bedeutung der Position entspricht — Umsatzprovision
- Nicht alltägliche soziale Leistungen

Da letztendlich Ihr Wille zum gemeinsamen Erfolg entscheidet, haben auch zielstrebige Bewerber eine Chance, die bisher nicht mit Führungsaufgaben betraut waren. Bewerben Sie sich bitte schriftlich oder telefonisch vorab am 17.4.... ab 10.00 Uhr bei

HANSA-SCHUHE · Herrn von den Drenk · Rothenberger Str. 4 ·
1224 Zussenhausen Tel.0234/12345

Übung 17

Kontinuierliches Sammeln

Sammeln Sie aus den Samstags- bzw. Mittwochsausgaben von Zeitungen Stellenanzeigen, die Sie interessieren. Werten Sie die Anzeigen in bezug auf Ihre Persönlichkeit, Ihre Fähigkeiten und Fertigkeiten aus. Nehmen Sie dazu Ihre persönliche Inventarliste zu Hilfe, die Sie im vorletzten Kapitel erarbeitet haben.

Bei der Auswertung und Analyse von Anzeigen hilft Ihnen auch die Checkliste auf einer der vorhergehenden Seiten dieses Buches. Beim Sammeln von Anzeigen über einen längeren Zeitraum haben Sie auch gleichzeitig die Möglichkeit, Ihren Stellenmarkt zu beobachten.

Als Hilfe gebe ich Ihnen folgendes Schema an die Hand: Legen Sie sich eine Reihe von Formularen in DIN-A4-Format nach dem abgedruckten Vorbild an. Kleben Sie dann die für Sie interessanten Anzeigen auf das dafür vorgesehene Feld und machen Sie sich Ihre Notizen!

Hier Anzeige einkleben!

Fachliche Anforderungen:

Persönliche Anforderungen:

Aussagen über das Unternehmen:

Zusätzliche Bemerkungen:

6. Die schriftliche Bewerbung

Jede Bewerbung ist ein Spiegelbild ihres Verfassers. Sie trägt seine individuellen Züge. Persönliche Struktur, Ausbildung und Praxis machen aus dem einzelnen Bewerber einen mit anderen nicht verwechselbaren Fall.

Legt man aber eine große Anzahl von solchen unvergleichbaren Bewerbungen nebeneinander, dann ergibt sich formal und inhaltlich ein gemeinsamer Rahmen, in dem alle unvergleichbaren Einzelheiten Platz finden.

Zum gemeinsamen Rahmen aller Bewerbungen gehören:

- das Ziel, eine neue Position zu erreichen,
- der Inhalt, die eigene Ausbildung und Praxis darzustellen, sowie
- die Formen des Bewerbungsschreibens und des Lebenslaufs, das Lichtbild und die Zeugniskopien.

Um dieses Gemeinsame aller Bewerbungen geht es hier, wenn Ihnen in diesem und den folgenden Kapiteln des Buchs bzw. auf der Diskette Muster-Bewerbungen angeboten werden. Die Muster-Bewerbung ist der Rahmen, in den jeder Bewerber seine unverwechselbaren Fakten einschreiben muß. Ein solcher Rahmen führt nicht dazu, daß alle Bewerbungen gleich werden. Er zeigt aber dem oft unerfahrenen Bewerber, welche individuellen Inhalte an welcher Stelle, in welcher Anordnung und in welcher Formulierung am besten untergebracht werden.

Muster-Bewerbung

Die Erfahrung hat erwiesen, daß eine bestimmte Reihenfolge der Selbstdarstellung in der Bewerbung wünschenswert ist. Gemeint ist hier die Erfahrung des Empfängers der Bewerbung, des Personalchefs. Dieser Empfänger muß mit seinen praktischen Wünschen und Vorstellungen oberstes Kriterium bei der formalen und inhaltlichen Gestaltung der Bewerbung sein. Wenn ein solcher Personalchef einmal die ersten tausend Bewerbungen bearbeitet und beurteilt hat, dann weiß er, wie eine Bewerbung aussehen soll und was sie enthalten muß.

Sicher war es früher einmal einfacher, eine Bewerbung zu beurteilen, etwa wenn der Verfasser unbeholfen im Ausdruck oder ungeschult in der Selbstdarstellung war.

Ein Maschinenbau-Ingenieur zum Beispiel, der auf acht handgeschriebenen Seiten erklärte, warum er sich geeignet fühlt und warum er sich also bewirbt, der konnte leicht abgetan werden. Was für eine Zumutung auch für den

Empfänger! Er müßte sich durch diese acht Seiten regelrecht durchbuchstabieren! Nein! Abgelehnt! — So einfach ging das.

Ganz anders der Bewerber, der seinen Bewerbungsinhalt richtig und „formgerecht" präsentiert. Hier kann sich niemand mehr an Formfehler festhaken oder über verunglückte Selbstdarstellungen lustig machen: „....ich bin Dynamiker mit Durchschlagskraft". Der Empfänger muß sich mit den Fakten auseinandersetzen.

So selbstverständlich das klingt, so wenig stimmt es mit der Wirklichkeit überein. Die gut aufgemachte, inhaltlich klar gegliederte, übersichtliche und vollständige Bewerbung ist auch heute noch nicht selbstverständlich.

Jeder versucht nach dem Maßstab seiner speziellen beruflichen Erfahrungen in der Bewerbung die unterschiedlichsten Wege der Selbstdarstellung. Ein Markenartikelverkäufer meint z.B., er könnte mit einer Konsumgüterterminologie seine Persönlichkeit am besten anpreisen.

Beim Durchsehen verschiedenster Bewerbungsunterlagen mache ich immer wieder eine Beobachtung: Offensichtlich macht sich kaum ein Bewerber einmal die Mühe, sich in die Position des Empfängers seiner Unterlagen zu versetzen: „Eine Bewerbung schreiben, das kann doch wohl jeder!" so höre ich immer wieder. — Es gibt Leute, die deshalb von der Böswilligkeit von Personalfachleuten überzeugt sind, weil sie auf ihre Bewerbungen hin nichts als Absagen bekommen haben. Daß es an ihrer miserablen Bewerbung liegen könnte, das wollen sie nicht einsehen.

Vor diesem Hintergrund erhält die Muster-Bewerbung den Sinn, ein Korrektiv, ein Beispiel zu sein, an dem jeder Bewerber seine eigenen Entwürfe prüfen kann. Nicht um sie dann ganz zu verwerfen, sondern um sie auf ein angemessenes Niveau zu bringen.

Die Bewerbungsunterlagen

Zu einer schriftlichen Bewerbung gehören in der Regel folgende Unterlagen:

1 Bewerbungsschreiben/Anschreiben

2 Lebenslauf

3 Lichtbild

4 Zeugniskopien (in zeitlicher Reihenfolge)

Außerdem können je nach Stelle und auf Verlangen weitere Unterlagen beigefügt werden:

5 Zertifikate über besuchte Kurse/Schulungen, Praktikumsbescheinigungen

6 Referenzen

7 Arbeitsproben/Muster

8 Schriftprobe

9 Führungszeugnis

Allgemeines zur Form der Unterlagen

Bewerbungen mit formalen Fehlern und unvollständige Unterlagen fallen zu 32 % ins Gewicht, das heißt entscheiden darüber, daß jede dritte schriftliche Bewerbung negativ verläuft. Aus diesem Grund sollen im folgenden einige, eigentlich selbstverständliche Dinge angesprochen werden:

1 Verwenden Sie nur weißes, unliniertes DIN-A4-Papier, das nur einseitig beschrieben wird!

2 Schreiben Sie möglichst mit Schreibmaschine!

3 Benutzen Sie eine Schreibmaschine mit gutem Farbband und Schriftbild!

4 Im Text dürfen keine Radierungen, Verbesserungen oder gar Streichungen vorkommen!

5 Rechtschreibung und Zeichensetzung müssen einwandfrei sein!

6 Flecken und Eselsohren fallen ungünstig auf!

7 Achten Sie auf gute Platzeinteilung und angemessene Ränder!

8 Achten Sie auf eine klare Gliederung!

Sich bewerben heißt für sich werben. Genauso wie die Verpackung eines Produktes spielt die äußere Aufmachung und Gestaltung Ihrer Unterlagen eine wichtige Rolle.

Es wäre schade, wenn Ihre Bewerbungsunterlagen in einem zerfledderten Umschlag beim Empfänger ankommen und so in krassem Gegensatz zum Inhalt stehen würden. Neben Zeugnissen und Diplomen wird nämlich auch die äußere Form der Bewerbung zu Ihrer Beurteilung herangezogen.

Für den Postversand eignet sich am besten ein großer Umschlag im C4-Format, eventuell mit verstärktem Rücken. Ihre Unterlagen können so nicht verknickt beim Empfänger ankommen. Besorgen Sie sich Umschläge aus kräftigem Papier, um Beschädigungen auf dem Postweg so weit wie möglich auszuschließen.

Adresse und Porto

Ihre eigene Adresse gehört auf folgende Bewerbungsunterlagen:

- Anschreiben
- evtl. Rückseite des Lichtbildes
- Lebenslauf
- Absender auf dem Briefumschlag

Personalleute schätzen übrigens folgendes:

- Schreiben Sie die Adresse grundsätzlich in deutlicher Druckschrift, besser noch mit Schreibmaschine.
- Schreiben Sie die Straße auch dazu, wenn Sie über Postfach verfügen.
- Schreiben Sie stets die Vorwahlnummer mit, wenn Sie Ihre Telefonnummer angeben. Vorwahlen zu suchen kostet Mühe. Es darf nicht mühsam sein, Sie zu erreichen.

Und noch etwas: Es gibt Bewerber, die ihre Unterlagen nicht ausreichend oder überhaupt nicht frankieren und mit dem Vermerk versehen: Porto zahlt Empfänger.

Das sind dann vielfach jene, die von sich behaupten, so selten Glück auf dem Arbeitsmarkt zu haben. Für nachlässiges Frankieren gibt es keine Entschuldigungen. Briefwaagen stehen auf jedem Postamt. Notfalls warten Sie einen Tag. Bei normalem Terminablauf kommt Ihre Bewerbung immer noch rechtzeitig genug an.

Einschreiben / Eilboten- und Expreßsendungen

Manche Personalchefs interpretieren Eilbotensendungen von Bewerbern nicht gerade positiv. Leicht erwecken Sie so als Bewerber den Eindruck, als hätten Sie es besonders eilig. Normalerweise hat man genügend Zeit.

Auswertungen zeigen, daß etwa zwei Wochen lang kontinuierlich Bewerbungen eingehen, danach noch einmal etwa 5 — 7 Arbeitstage. Ihnen bleibt also vor allem bei richtiger Planung immer ausreichend Zeit. Sollten Sie dennoch meinen, daß Ihre Bewerbung zu spät ankommen könnte, rufen Sie vorher beim Unternehmen an, ob es sich noch lohnt, die Unterlagen abzuschicken. Das ist sicherlich immer noch besser als Eilpostzustellungen.

Von Einschreiben nehmen Sie am besten ganz Abstand. Einmal erwecken Sie Aufmerksamkeit in die falsche Richtung, zum anderen sollten Sie ja keine Originale mitschicken, die ein Einschreiben rechtfertigen würden. Erwecken Sie nicht unnötig und ungewollt den Verdacht, sehr mißtrauisch zu sein. So interpretiert man in der Regel eingeschriebene Bewerbungsunterlagen. Übrigens, Bewerbungen verlangt man auch nicht per Einschreiben zurück, auch nicht um eine Absage zu rächen.

Aufmachung der Unterlagen

Zur Präsentation der Unterlagen haben sich Schnellhefter aus Kunststoff in einer auffälligen, aber nicht aufdringlichen Farbe sehr bewährt.

Kunststoffhefter sind gegen unansehnliche Fettflecken und Verknickungen unempfindlich. Sie sehen ordentlich und wertvoll aus. Die Vorderseite sollte durchsichtig sein, damit man das Anschreiben sofort sehen kann. Interessenten wählen oft instinktiv zuerst die positiv auffallenden Unterlagen.

Ihr erstes Ziel von der Aufmachnung her muß sein, Sympathie und Interesse zu wecken. Heften Sie die komplette Bewerbung in den Kunststoffhefter. Überlegen Sie sich dabei die Reihenfolge Ihrer Unterlagen. Das Durchblättern und Lesen Ihrer Unterlagen müssen Sie dem Leser so leicht wie möglich machen, ohne daß er die von Ihnen festgelegte Reihenfolge der Blätter verändern kann.

Übrigens, machen Sie aus Ihrer Bewerbung kein Paket: „Dicke Wälzer" sind in Personalabteilungen äußerst unbeliebt.

Das Foto — mehr als 1000 Worte

Ein Foto gehört grundsätzlich zu Ihren Unterlagen. Auch wenn der Preis Sie dazu verleiten sollte, ist von Automatenfotos abzuraten. Auf diesen Fotos sehen die meisten Bewerber aus, als hätten sie gerade ein Messer in den Rücken gesteckt bekommen. Wählen Sie lieber einen guten Portraitfotografen. Auch wenn er etwas teurer sein sollte, es lohnt sich. Mit einem guten Foto verkaufen Sie sich besser.

☛ *Hinweis:* ***Die Kosten können Sie genauso wie andere Auslagen für Bewerbungen beim Lohnsteuer-Jahresausgleich absetzen.***

Am besten kleben Sie das Foto oben rechts auf den Lebenslauf.

Schreiben Sie auf die Rückseite Namen und Adresse. Sollte man aus irgendwelchen Gründen Ihre Unterlagen einmal mit den Unterlagen anderer Bewerber durcheinandergebracht haben, so kann Ihr Foto wieder richtig zugeordnet werden. Fotos bleiben erfahrungsgemäß am leichtesten auf der Strecke.

Die Schrift als Kriterium

Bis auf eine eventuelle Schriftprobe und einen ausdrücklich verlangten, handschriftlichen Lebenslauf wird grundsätzlich alles mit der Maschine geschrieben.

Benutzen Sie nur Maschinen mit sauberen Typen und korrektem Farbband. Entpuppen Sie sich dabei nicht als Schreibmaschinenkünstler. Ihre Kreativität brauchen Sie hier nicht zu beweisen.

Also:

- keine farbigen Einschiebungen
- keine Passagen in Großbuchstaben oder Sperrschrift
- keine Schnörkel und Grafiken anbringen.

Prüfung der Vollständigkeit

Worauf achten Unternehmen bei der Prüfung der Vollständigkeit der Bewerbungsunterlagen? Personalleute achten oft sehr darauf, ob für jede im Lebenslauf angegebene wichtige Entwicklungsstation das dazugehörige Zeugnis beiliegt. Achten also auch Sie darauf! Wenn nämlich Zeugnisse fehlen, geht man schnell davon aus, daß etwas faul ist. Bei vielen Personalberatungen wären Sie jetzt schon aus dem Rennen, es sei denn, Sie haben erstklassige, für das Unternehmen außergewöhnlich attraktive Qualifikationen.

Erfahrungsgemäß fehlen Zeugnisse immer dann, wenn der Abschluß nicht sehr erfolgreich war. Wer will sich schon selbst in ein schlechtes Licht setzen? Kommt es trotz fehlender Unterlagen zu einem Gespräch, so können Sie sicher sein, daß man Sie auf die Unvollständigkeit Ihrer Unterlagen hin ansprechen wird.

Interpretation unvollständiger Bewerbungen

Von allen auf ein Stellenangebot eingehenden Bewerbungen kommen durchschnittlich nur rd. 10 — 20 % in die engere Wahl? Bei 100 Bewerbungen auf ein Inserat — und so viele Einsendungen sind keine Seltenheit — kommen also nur 10 bis 20 in die engere Wahl. Der Rest wird zurückgeschickt, ohne daß die Firma sich näher mit dem Inhalt der Bewerbung beschäftigt hätte. Bei soviel Konkurrenz ist die Auslese natürlich streng. Bei mangelhafter Vollständigkeit Ihrer Unterlagen und auch bei ungeschickter Aufmachung in Verpackung und Gestaltung hat Ihre Bewerbung kaum eine Chance, sich gegenüber Konkurrenten durchzusetzen.

Grundsätzlich sollten Sie nur vollständige Unterlagen auf ein Stellenangebot einreichen. Ihre Chancen werden wesentlich verbessert. Bei einer unvollständigen Bewerbung kann der Empfänger leicht den Eindruck bekommen, daß Sie an der ausgeschriebenen Stelle wohl doch nicht so interessiert sind.

So meint der Personalchef eines großen Unternehmens:

„Das Vorenthalten von Informationen gegenüber dem Unternehmen — ob aus Gleichgültigkeit oder bewußt — erweist sich meistens als Indiz für zu erwartende Schwierigkeiten in der späteren Zusammenarbeit.“ Und in den Richtlinien eines anderen Großunternehmens ist zu lesen: „Darüber hinaus zeigt sich immer wieder, daß der äußere Eindruck und der Inhalt der Bewerbungsunterlagen wichtige Anhaltspunkte für die Beurteilung des Bewerbers geben.“

Reaktionen auf Kurzbewerbungen

Um Zeit, Mühe und Geld zu sparen, schicken viele Bewerber erst einmal nur einen kurzen Brief, mit dem sie ihr Interesse zeigen wollen und um ein Vorstellungsgespräch bitten. Am Ende des Schreibens stehen dann vielfach Formulierungen wie diese:

„Sollten Sie aufgrund meiner Ausführungen an einer ausführlichen Bewerbung interessiert sein, bitte ich um Ihre Nachricht.“

Solche Bewerbungsschreiben hätte sich der Kandidat meistens auch ganz sparen können. Sie sind bei Stellenanzeigen selten erfolgreich. Antworten Sie daher auf Stellenangebote aus Zeitungen grundsätzlich nur mit vollständigen Bewerbungsunterlagen. Sie sind so auf der erfolgreicheren Seite.

Arbeitsproben

Legen Sie Ihrer Bewerbung nur Arbeitsproben bei, wenn Sie dazu in der Stellenanzeige aufgefordert werden. Unaufgefordert Proben beizulegen, bringt keine Vorteile. Da ist es schon besser, wenn Sie zum Vorstellungsgespräch Proben Ihres Könnens mitbringen. Hier haben Sie außerdem noch den Vorteil, unmittelbar die Reaktion zu testen und notfalls die Probe ins rechte Licht zu rücken. In den meisten Berufen sind Arbeitsproben jedoch sowieso unüblich.

Praktische Arbeitsschritte

Übung 18

Sammeln der Unterlagen

Stellen Sie Ihre Bewerbungsunterlagen einmal zusammen, die Sie verschickt und wieder zurückbekommen haben oder die sie verschicken wollten. Sichten Sie selbst diese Unterlagen kritisch. Schauen Sie sich die Tabelle dazu bitte genau an und überlegen Sie, welche Fehler Sie bisher eventuell auch gemacht haben.

Häufigste Fehler bei Bewerbungen	**in %**
Formale Fehler	21
Unvollständige Unterlagen	11
Zu hohe Gehaltsforderungen	9
Keine klaren Vorstellungen von der Position	9
Mangelndes Ausdrucksvermögen	8
Fehlende Prägnanz	8
Überheblichkeit	8
Unzureichende Selbstdarstellung	8
Ungünstiger persönlicher Eindruck	7
Gleichgültigkeit/Oberflächlichkeit	6
Orthografische Fehler	5

7. Der Bewerbungsbrief

Während das Anschreiben früher eher die Funktion eines Begleitschreibens hatte, und die eigentliche Qualifikation erst aus den beigefügten Unterlagen hervorging, hat seine Bedeutung heute erheblich zugenommen. Denn bei der großen Flut von Bewerbungen, die heute auf eine einzige Stellenanzeige eingehen, hat der Arbeitgeber gar nicht mehr die Zeit, alle Bewerbungsunterlagen ausführlich zu lesen und zu bewerten. Daher muß schon das Anschreiben zu einem entscheidenden Informationsträger werden und möglichst spontanes Interesse auslösen.

Mit dem Anschreiben sollten Sie beim Leser den bestmöglichen ersten Eindruck erzeugen und seine Aufmerksamkeit wecken, so daß er mit Interesse die weiteren Unterlagen liest. Für den Bewerber bedeutet das, daß er schon im Anschreiben sein „Qualifikationsprofil“ klar und deutlich sichtbar machen muß, so daß sich der Leser schon auf den ersten Blick ein Bild von der fachlichen und persönlichen Eignung des Bewerbers machen kann. Alle Argumente, die für ihn sprechen, sollte der Bewerber hier klar herausstellen.

Angesichts vieler, qualifizierter Bewerber kann es dabei auch auf Kleinigkeiten ankommen, die den nötigen Vorsprung ausmachen und über einen Erfolg mitentscheiden.

Inhalt

Das Anschreiben soll bei einer Bewerbung in erster Linie der Lockvogel sein. Dabei hat ein solches Schreiben Ähnlichkeit mit einem Liebesbrief. Genau so sorgfältig und auf den Empfänger bezogen, wie ein Liebesbrief sein sollte, muß auch Ihr Anschreiben sein. Das, was Sie schreiben, muß so gezielt und individuell auf die Firma zugeschnitten sein, daß der Empfänger merkt, wie sehr Sie sich mit ihm und seiner Anzeige auseinandergesetzt haben.

Beginnen Sie mit dem Anlaß Ihrer Bewerbung, zum Beispiel durch den Bezug auf die Anzeige oder mit einem sogenannten „Eisbrecher“, mit dem Sie nicht unbedingt den üblichen Anfang des Brieftextes machen: „...wie ich der Anzeige in der Süddeutschen Zeitung vom... entnehme...“.

Als zweites folgt die Begründung, warum Sie für die Stelle geeignet sind. Hier fassen Sie Ihre Qualifikationen zusammen und geben Hinweise auf Ihre Fähigkeiten, Kenntnisse und bisherigen Tätigkeiten.

Das Anschreiben endet mit einer Abschlußformulierung. Dabei geht es besonders um die Einladung zum Vorstellungsgespräch und den möglichen Eintrittstermin.

Wenn Sie sich um eine Ausbildungsstelle bewerben, dreht sich das Anschreiben im wesentlichen um die Begründung Ihrer Berufswahl. Ihre „Eignung“ für den angestrebten Beruf können Sie unterstreichen, indem Sie Ihr besonderes Interesse an der betreffenden Tätigkeit, die fachlichen Kenntnisse und die persönlichen Stärken herausstellen.

Für das Formulieren von Anschreiben sollten Sie sich folgende Grundregeln aneignen:

1 Machen Sie sich mit Hilfe des Anzeigentextes klar, welche Ihrer Fähigkeiten, Kenntnisse und persönlichen Eigenschaften gefragt sind!

2 Berücksichtigen Sie auch, was man sprachlich von Ihnen erwartet. Eine Buchhalterin muß sich zum Beispiel zurückhaltender ausdrücken als ein Außendienstler!

3 Geben Sie die geforderten Kenntnisse, Fähigkeiten und persönlichen Qualitäten möglichst präzise an. So wird Ihre Eignung sichtbar. Aber führen Sie nicht alle guten Seiten von sich auf, sondern nur die, die für die betreffende Tätigkeit wichtig sind!

4 Wiederholen Sie nicht einfach, was schon aus anderen „Unterlagen" hervorgeht!

5 Vermeiden Sie ungünstige Angaben, aber versuchen Sie nicht zu täuschen!

6 Appellieren Sie auf keinen Fall an das Mitleid!

7 Seien Sie im Ton immer höflich, sachlich und selbstbewußt!

Umfang

Von hundert Bewerbungsschreiben sind etwa neunzig viel zu lang. Viele Bewerber sind offensichtlich der Meinung, im Anschreiben so etwas wie eine Inhaltsangabe der gesamten Bewerbung machen zu müssen. Noch schlimmer wird es, wenn man versucht, seine philosophische, wirtschaftspolitische oder sonstige Grundhaltung deutlich zu machen: „...Weiterhin sei zu meiner Person erwähnt, daß Sie in mir einen zuverlässigen, loyalen und aufgeschlossenen Mitarbeiter finden werden, von dem Sie volles Engagement, Schwung, Ideen und Selbständigkeit, zähes Verfolgen von Zielen und Durchsetzungskraft erwarten können."

Das große Mißverständnis liegt hier in der Annahme des Bewerbers, der Empfänger würde seinem Anschreiben eine so hohe Aufmerksamkeit widmen. Man sollte sich beim Verfassen des Anschreibens immer vor Augen halten, daß für den Personalfachmann der „Lebenslauf" das Kernstück der Bewerbung ist. Außerdem ist in diesem Beispielsatz „viel zu dick aufgetragen".

Richtig und in der Praxis üblich ist, daß das Anschreiben kurz sein soll. Allein durch diese Tatsache wird man beim Leser Pluspunkte bekommen. Und hier wie anderswo kann man zu recht das Wort zur Geltung bringen: Weniger ist oft mehr.

Eine DIN-A4-Seite sollte man sich zur Regel machen.

Aufbau

Damit Sie einen Überblick erhalten, werden die einzelnen Bestandteile eines Bewerbungsschreibens zunächst stichwortartig aufgezählt. In dieser Reihenfolge sollen sie auch im Bewerbungsschreiben enthalten sein.

Was das Anschreiben enthalten sollte:

1 Anschrift des Absenders

2 Ort und Datum des Schreibens

3 Empfängeranschrift

4 Betreff

5 Anrede

6 Bezug des Schreibens (Einleitung)

7 Begründung, warum Sie für die Stelle geeignet sind

8 Besondere Fähigkeiten und Kenntnisse

9 Frühestmöglicher Eintrittstermin

10 Schlußformulierung

11 Grußformel

12 Unterschrift

13 Aufzählung der Anlagen

Was das Anschreiben zusätzlich enthalten kann:

- Gehaltsforderung
- Begründung des Wechsels
- Besondere Arbeitsbedingungen
- Terminvorschlag für das Gespräch

Auf einige Angaben soll nun im einzelnen eingegangen werden. Die entsprechenden Regeln für die Gestaltung der äußeren Form des Bewerbungsschreibens werden dann im nächsten Gliederungspunkt behandelt.

Betreff

Das Wort „Betreff" wird nach den neuen DIN-Vorschriften in der Bezugszeile nicht mehr verwendet. Sie können zum Beispiel schreiben „Ihre Anzeige vom...in...". In die darunterliegende Zeile schreiben Sie dann „— Verwaltungsfachangestellter —" oder „— Chiffre: DL 50 02 30 —".

Der „Betreff" ist ein stichwortartiger Hinweis auf den Inhalt eines Briefes; im Grunde genommen handelt es sich um eine Überschrift. Wenn es sich um eine direkte Kontaktaufnahme mit dem Unternehmen handelt, kann der „Betreff" auch folgendermaßen lauten: „Bewerbung als Maschinenbauingenieur" oder „Ausbildung zum Industriekaufmann". Wählen Sie möglichst eine Formulierung, mit der Sie Ihr persönliches Anliegen am besten in knapper Form ausdrücken können.

Anrede

Wenn Sie den Namen des Empfängers kennen, verwenden Sie ihn. Ansonsten benutzen Sie am besten die übliche Anrede „Sehr geehrte Damen und Herren". Sie beenden die Anrede mit einem Komma und schreiben dann nach einer Leerzeile klein weiter.

Der Text Ihres Briefes sollte in einzelne Absätze gegliedert sein, um dem Empfänger das Lesen so leicht wie möglich zu machen. In diesem Zusammenhang ist man wieder ganz praktisch als Werbefachfrau/Werbefachmann gefragt.

Bezug des Schreibens

Genau an dieser Stelle beginnt es in der Regel schwierig zu werden. Wie beginnt man das Schreiben am besten? Formulierungen wie „Bezugnehmend auf Ihre Stellenanzeige..." oder „unter Bezugnahme auf unsere telefonische Unterredung..." sind nicht geeignet, jemanden „vom Stuhl zu reißen". Vor allem ungeübte Briefschreiber fallen gerne auf dieses „Kaufmannsdeutsch" herein. Vermeiden Sie in Ihrem Schreiben komplizierte, verschraubte und mit schicken Fremdwörtern gespickte Formulierungen. Mit Gewalt kann man niemanden von seinen stilistischen Fähigkeiten überzeugen, eher erreicht man das Gegenteil.

Welche Aufgabe soll eine Einleitung erfüllen? Sie soll den Leser in den Inhalt einführen, ihn zum Beispiel auf das Problem hinweisen. Dann sieht eine Einleitung vielleicht so aus:

„in Ihrer Stellenanzeige suchen Sie für die Abteilung Systemtechnik einen erfahrenen Systemanalytiker, der den Projektleiter bei der Systemführung verantwortlich unterstützen soll."

Mit dieser Formulierung sind Sie kurz auf das Problem des Personalchefs eingegangen und haben gezeigt, daß Sie sein Problem erkannt und verstanden haben. Sie sind jemand, der weiß, worum es geht.

Eine Einleitung können Sie allerdings auch noch stärker im Sinne der Werbung nutzen, indem Sie nicht mit dem anfangen, was üblich ist: Sie beginnen mit einem „Eisbrecher". Bitte aber auch hier niemals eine Brechstange benutzen! Das würde unecht wirken. Wenn Ihnen kein anderer Einstieg einfällt, dann halten Sie sich lieber an die herkömmliche Möglichkeit.

In den Arbeitsschritten zu diesem Kapitel finden Sie unter anderem auch eine Aufgabe zum Thema „Eisbrecher".

Darstellung der Eignung

Im diesem wichtigsten Teil des Bewerbungsschreibens müssen Sie den Leser davon überzeugen, daß Sie für die Position geeignet sind. Das Kunststück besteht darin, nicht als Angeber zu erscheinen, andererseits sollten Sie „Ihr Licht nicht unter den Scheffel stellen"! Beschränken Sie sich auf die Erwähnung derjenigen fachlichen und persönlichen Qualitäten, die in unmittelbarem Zusammenhang mit der ausgeschriebenen Stelle stehen. Der vollständige berufliche Werdegang kann dem Lebenslauf entnommen werden.

Die oft völlig übertriebenen Forderungen in den Stellenanzeigen führen den Bewerber in ein Dilemma: Er muß nämlich jung sein, eine jahrelange Berufserfahrung nachweisen können und gleichzeitig perfekte Kenntnisse auf verschiedensten Gebieten vorweisen. Haben Sie keine Angst davor, mit solchen Phantomen konkurrieren zu müssen. Es gibt sie nicht! Stattdessen sollten Sie nur mit den Fähigkeiten und Kenntnissen werben, die Sie auch tatsächlich besitzen.

Eintrittstermin

In vielen Stellenanzeigen wird die Angabe des frühestmöglichen Eintrittstermins ausdrücklich verlangt. Es ist ja auch verständlich, daß ein Personalchef wissen möchte, zu welchem Zeitpunkt der Bewerber verfügbar ist.

Bewerber in ungekündigter Stellung sind an die vereinbarten Kündigungsfristen gebunden. Für Angestellte beträgt diese Frist bei einer Kündigung zum Quartalsende mindestens sechs Wochen. Bewerber mit längeren Kündigungsfristen sind zwar bei Kündigungen durch den Arbeitgeber besser abgesichert, bei Bewerbungen sind sie gegenüber ihren Mitkonkurrenten aber im Nachteil. Bei kurzfristig zu besetzenden Stellen sind diese Bewerber von vornherein ausgeschlossen. Sie sollten dem Empfänger den Eintrittstermin nennen, der sich bei Einhaltung Ihrer Kündigungsfrist ergibt. Das könnte dann etwas so aussehen:

„...Da meine Kündigungsfrist sechs Wochen zum Quartalsende beträgt, könnte ich die neue Tätigkeit frühestens am... aufnehmen."

Schlußformulierung und Gruß

Für den Abschluß des Brieftextes gilt dasselbe wie für die Einleitung. Dabei sind abgenutzte Phrasen, die sich wie sprachliche Überreste aus dem vorigen Jahrhundert anhören, sehr schädlich: „In Erwartung Ihres baldigen Bescheides..." kombiniert mit einer Grußformel wie „Mit freundlicher Empfehlung" oder „Mit vorzüglicher Hochachtung" zerstören unter Umständen sehr nachhaltig einen vorher aufgebauten guten Eindruck.

Sehr leicht wirkt eine Formulierung in diesem Teil des Briefes auch dienerisch und unterwürfig: „Ich würde mich sehr freuen, wenn Sie mir die Gelegenheit gäben, mich Ihnen persönlich vorstellen zu können" oder auch „Ich würde mich freuen, wenn ich mich bei Ihnen persönlich vorstellen dürfte." Die Aussage des Satzes mag ja noch so wahr sein — der Bewerber möchte zu einem Vorstellungsgespräch eingeladen werden — aber hier fehlt der nötige Optimismus. Schuld an dem eher pessimistischen Grundton sind die vielen Konjunktiv-Formen: würde, gäben usw.

Versuchen Sie eine eher aktive und optimistische Linie, die Ihr „Selbstbewußtsein" zum Ausdruck bringt:

„Zu einem persönlichen Gespräch stehe ich Ihnen gerne zur Verfügung."

oder

„Ich möchte gerne mit Ihnen persönlich ins Gespräch kommen."

Gehaltsforderung

In Stellenanzeigen wird man vielfach aufgefordert, Gehaltsvorstellungen schriftlich zu nennen. Warum eigentlich? Wo doch besonders größere Firmen meistens fest vorgegebene Gehaltsstrukturen haben. Der Verhandlungsspielraum ist also stark begrenzt. Genauso wird man in Anzeigen oft aufgefordert, die Höhe des vorherigen Gehalts anzugeben. Gleichzeitig wird, nicht selten sogar in der gleichen Anzeige, von „leistungsgerechter Bezahlung" gesprochen.

Wie würden Sie reagieren, wenn eine Verkäuferin das Verkaufsgespräch mit einer Preisforderung beginnen würde, ohne daß Sie vorher die Ware kennengelernt haben? — eine in diesem Zusammenhang doch durchaus berechtigte Frage.

Es wird in der Regel gut sein, das heikle Thema für das Gespräch aufzusparen. Für die Gehaltsverhandlung braucht man nämlich als Bewerber alle Mittel, die einem zur Verfügung stehen. Dazu gehört vor allem der unmittelbare, persönliche Kontakt.

Aus der Erfahrung geht mein Rat dahin, im Anschreiben am besten gar nicht direkt auf derartige Forderungen in der Stellenanzeige einzugehen, es sei denn, Sie haben so gute Informationen über das Unternehmen, daß Sie die Höhe des Angebots realistische einschätzen können. Ist nämlich das Unternehmen an Ihnen interessiert, dann wird es Ihnen auch schreiben, wenn Sie keine Angaben zu diesem interessanten Punkt gemacht haben.

Und noch etwas: Wenn die Firmen — nicht ohne Grund — nur in seltenen Fällen im Inserat die Einkommenshöhe angeben, dann sollten auch Bewerber in dieser Frage untereinander solidarisch sein und die Gehaltsverhandlung dem persönlichen Gespräch vorbehalten.

Sind Sie sich aber trotzdem nicht sicher, dann schreiben Sie zu Ihrer eigenen Beruhigung doch einfach eine Bemerkung wie:

„Da ich bei Ihnen ein leistungsgerechtes Gehalt erhalte, schlage ich vor, über diese Frage persönlich miteinander zu reden."

Die äußere Form

Der formale Aufbau des Bewerbungsschreibens ist auf der folgenden Seite in einer Musterschablone ersichtlich. Anschließend werden Ihnen auf den nächsten Seiten einige Beispieltexte vorgestellt. Aus Platzgründen wurde dabei der

Briefkopf jeweils weggelassen, da es ja hier nur auf die Formulierungen im Textteil ankommt.

```
-
-
-
-
Name des Absenders          (5. Zeile)          Datum
Straße
Bestimmungsort
Telefon
-
-
-
Firma
Name des Empfängers         (13. Zeile)
Abteilung
(evtl. z.H....)
Straße
PLZ Bestimmungsort
-
-
-
-
Betreffzeile
-
-
Anrede
-
Brieftext
Brieftext
Brieftext
Brieftext
Brieftext
Brieftext
-                 eine Leerzeile = Absatz
Brieftext
Brieftext
Brieftext
-
Gruß
Unterschrift
-
Anlagenvermerk
```

Beispiel 1

Bewerbung als „EDV-Dozent“

Sehr geehrte Damen und Herren,

ohne eine gute Schulung läuft im EDV-Bereich nichts mehr. Doch nicht jeder gestandene DV-Praktiker ist auch in der Lage, sich auf die besonderen Probleme der Anwender einzulassen und sich verständlich zu machen.

Bereits während meines Mathematikstudiums habe ich die Möglichkeiten des Rechenzentrums der Universität über mein eigentliches Studium hinaus genutzt, um mir grundlegende EDV-Kenntnisse anzueignen. Aber auch Probleme der Wissensvermittlung komplizierter mathematischer Inhalte waren Schwerpunkte meines Studiums.

Im Anschluß an mein Studium absolvierte ich eine Ausbildung zum EDV-Dozenten. Dabei lag der Schwerpunkt auf der Handhabung standardisierter Software wie z.B. DBASE II, MULTIPLAN oder WORDSTAR. Aber auch in den Programmiersprachen BASIC, FORTRAN IV und COBOL kenne ich mich gut aus.

Einem Gespräch sehe ich mit Interesse entgegen.

Mit freundlichem Gruß

Anlage
Lebenslauf
Lichtbild
Zeugnisabschrift
Empfehlungskarte des Arbeitsamtes

Beispiel 2

Bert.: Bewerbung um die von Ihnen ausgeschriebene Stelle
als „Abteilungssekretärin"

Sehr geehrte Damen und Herren,

hiermit bewerbe ich mich um die von Ihnen am 12.9.1988 in den Stuttgarter Nachrichten ausgeschriebene Stelle einer Abteilungssekretärin, da ich glaube, daß ich alle von Ihnen verlangten charakterlichen und fachlichen Anforderungen erfüllen kann.

In der zweijährigen Wirtschaftsschule bekam ich solide kaufmännische Grundkenntnisse vermittelt, in dreijähriger kaufmännischer Lehre eignete ich mir umfangreiches praktisches Wissen an und erwarb mir im Umgang mit dem Publikum ein sicheres Auftreten.

Auf meinen neuen Aufgabenbereich bereitete ich mich in den letzten zwei Jahren samstags in der Sekretärinnenschule in Stuttgart vor.

Ich schreibe heute in:

Kurzschrift	180 Silben,
Maschinenschreiben	350 Anschläge.

Meine englischen Sprachkenntnisse konnte ich in Abendkursen erweitern. In der französischen Sprache verfüge ich über gute Grundkenntnisse.

Da ich mich in ungekündigter Stelle befinde, könnte ich die von Ihnen angebotene Stelle frühestens zum 1.11.1988 antreten.

Mein derzeitiger Arbeitgeber, die Stascheit-Lehrmittel-AG in Böblingen, Hildenbrandstr. 13, Telefon: 07031/78020, weiß, daß ich wegen der Verlegung meines Wohnsitzes nach Stuttgart die Stelle bei ihm aufgeben möchte und ist bereit, Auskunft über mich zu erteilen.

Geben Sie mir bitte Gelegenheit, mich persönlich bei Ihnen vorzustellen.

Mit freundlichen Grüßen

Anlage
- Lebenslauf
- Paßbild
- 4 Zeugnisabschriften

Beispiel 3

Betr.: Bewerbung um einen Ausbildungsplatz zum
„Elektroanlageninstallateur“

Sehr geehrte Damen und Herren,

hiermit bewerbe ich mich um einen Ausbildungsplatz zum Elektroanlageninstallateur in Ihrem Betrieb.

Ich besuche zur Zeit die 10. Klasse der Gesamtschule Düren-Nord, die ich im Juni 1987 mit dem Abschlußzeugnis der 10. Klasse (Mittlere Reife) verlassen werde.

Um Sie über meine Person und meinen bisherigen Werdegang zu informieren, habe ich die in der Anlage angeführten Unterlagen diesem Bewerbungsschreiben beigefügt.

Meinen Berufswunsch habe ich in einem dreiwöchigen Betriebspraktikum im Mai und Juni dieses Jahres in Ihrem Betrieb überprüfen können. Diese Erfahrung hat mich in meinem Wunsch bestärkt und ich glaube, daß ich den Anforderungen dieses Berufes gewachsen bin. Auch der Leiter der Ausbildungsabteilung Ihres Betriebs, Herr Mupp, hat mir zu diesem Beruf geraten.

Sollten Sie noch weitere Informationen über meine Person benötigen, so können sie sich auch an meinen Klassenlehrer, Herrn Josef K.,... wenden.

Meine Eltern sind mit meinem Berufswunsch einverstanden.

Über ein persönliches Gespräch würde ich mich freuen.

Mit freundlichen Grüßen

Anlagen:
- Lebenslauf
- Lichtbild
- Zeugnisabschrift
- Empfehlungskarte des Arbeitsamtes

Beispiel 4 (unaufgeforderte Bewerbung)

Bewerbung/„Schnittdirektrice“

Sehr geehrte Damen und Herren,

da es mich ganz besonders reizt, in einem namhaften Unternehmen, wie dem Ihren, meine Karriere zu beginnen, möchte ich mich ganz unaufgefordert bei Ihnen bewerben.

Meine erfolgreich abgeschlossene Berufsausbildung als Bekleidungstechnikerin/Bekleidungsgestalterin gibt mir die erforderlichen Grundkenntnisse zur Schnittdirektrice.

Ein kurzer beruflicher Einstieg bestätigte mir, die richtige Berufswahl getroffen zu haben. Die Tätigkeit, unter Anleitung Erstschnitte in Produktionsschnitte umzusetzen und Gradierungen vorzunehmen, hat mir sehr viel Spaß gemacht.

Vielleicht sind Sie die Person, die mir ermöglicht, meine Kreativität unter Beweis zu stellen und Theorie in Praxis umzusetzen.

Mit anderen Worten: den Führeschein habe ich — ich suche jemanden, der mich fahren läßt.

Eine Einarbeitung ist für Sie ein zusätzlicher Arbeitsaufwand, der durch einen Einarbeitungszuschuß Ausgleich finden könnte.

Ich freue mich, alle weiteren Einzelheiten mit Ihnen in einem Gespräch erörtern zu können.

Mit freudlichem Gruß

Anlagen
- Lebenslauf
- Lichtbild
- Zeugniskopien

Praktische Arbeitssschritte

Übung 19

Kritische Analyse der Beispiele

Setzen Sie das um, was Sie in diesem Kapitel über das Bewerbungsanschreiben gelernt haben, indem Sie die Beispiele auf den vorhergehenden Seiten kritisch beurteilen. Achten Sie dabei sowohl auf den Inhalt, als auch auf den Aufbau und die Form. In welcher Weise sind die Grundregeln beachtet bzw. nicht beachtet worden?

Übung 20

Eisbrecher

Sie haben gelernt, daß die „Betreffzeile" den zu erwartenden Inhalt angeben soll. Sie ist vergleichbar mit einer Schlagzeile in der Zeitung. Nach der Werbelehre soll die Schlagzeile das Interesse fesseln und die Neugierde wecken. Die darauffolgende Anfangszeile hat diese Funktion fortzuführen. Dabei müssen Worte und Formulierungen des Textes echt sein, von Herzen kommen, das „Du" ansprechen.

Nehmen Sie sich diese Erkenntnisse der Allgemeinen Werbelehre zunutze und versuchen Sie, andere Briefanfänge zu finden als die üblichen. „Saugen Sie sich dabei nichts aus den Fingern", sondern wählen Sie dazu konkrete Anzeigentexte, die Sie ansprechend finden. Denken Sie dabei noch einmal an folgendes:

1 Ein Bewerbungsbrief ist eine Art Liebesbrief. Nutzen Sie also die Kenntnisse über das Unternehmen. Warum fangen Sie nicht einmal mit einer Art Kompliment an wie: „Ihr Unternehmen ist mir schon seit langem als...bekannt."? (Natürlich nur schreiben, wenn es stimmt und wenn Sie es wirklich wissen.)

2 In der Anzeige hat Sie vielleicht eine Angabe besonders angesprochen. Beginnen Sie Ihren Brieftext deshalb mit einem Hinweis darauf. Das könnte etwa so aussehen: „In Ihrer Anzeige in der... hat mich besonders angesprochen, daß Sie..." oder „Sie bieten in Ihrer „Anzeige" eine reizvolle Position, denn..."

3 Eine Anforderung der Anzeige trifft auf Sie in besonderer Weise zu. Der Anfang eines Bewerbungsschreibens könnte dann etwa so sein: „Da ich schon früher einige Jahre in der Kommunalverwaltung gearbeitet habe, bringe ich die nötige Berufserfahrung mit."

Mit etwas Phantasie fällt Ihnen bestimmt eine ansprechende Formulierung ein, die dem Leser angenehm auffällt.

Übung 21

Anschreiben auf Chiffre-Anzeigen

Bei einer Chiffre-Anzeige müssen Sie Ihre Bewerbung der Zeitung zur Weiterleitung zuschicken. Sie brauchen dazu nur auf dem Umschlag deutlich die Chiffre anzugeben. Das sieht z.B. so aus:

Süddeutsche Zeitung
Anzeigenabteilung
Chiffre DT 89 47 36
Postfach...
8000 München

Wenn Sie, aus welchen Gründen auch immer, verhindern wollen, daß Ihre Zuschrift an bestimmte Unternehmen nicht weitergeleitet wird, müssen Sie das Verfahren etwas abändern: Stecken Sie Ihre Bewerbung in einen Umschlag, kleben ihn zu, beschriften ihn, wie oben angegeben, und stecken diesen Umschlag zusammen mit einem kurzen Begleitschreiben in einen größeren Umschlag, den Sie ohne „Chiffre"-Angaben an die Anzeigenabteilung der betreffenden Zeitung schicken.

Im Begleitbrief kann sinngemäß folgendes stehen:

Chiffre DT 897654

Bitte leiten Sie meine beigefügten Bewerbungsunterlagen nicht an den Inserenten weiter, wenn es sich dabei um eines der folgenden Unternehmen handelt:

1.........................

2..........................

3...........................

In diesen Fällen senden Sie bitte die Unterlagen gebührenpflichtig an mich zurück.

Vielen Dank

Mit freundlichen Grüßen

Diese Vorsicht ist zum Beispiel dann geboten, wenn Sie in einem Unternehmen arbeiten, das selbst der Inserent sein könnte.

Wägen Sie übrigens genau ab, ob Sie nur einen Bewerbungsbrief ohne Unterlagen schicken. Bedenken Sie, daß das Unternehmen sich noch einmal extra bei Ihnen melden muß, um Ihre Unterlagen anzufordern. Fragen Sie sich also, was Sie daran hindert, ihre kompletten Unterlagen zur Verfügung zu stellen.

Übung 22

Unaufgeforderte Bewerbung

Bewerben Sie sich auf Stellenangebote, sind Sie immer ein Kandidat unter vielen. Wenn Sie sich unaufgefordert bewerben, auch wenn Sie nicht wissen, ob eine Stelle frei ist, treten Sie aus der Masse heraus. Mittel- und Großbetriebe suchen immer gute Leute. Außerdem sind viele Unternehmen davon überzeugt, daß Bewerber, die sich auch auf diese Weise um eine Stelle bemühen, höher motiviert sind.

Stellen Sie sich eine Liste mit bedeutenden Firmen aus Ihrer Branche zusammen, und schreiben Sie diese Firmen einfach an. Bewerben Sie sich dabei nicht nur bei den bekannten Großunternehmen, sondern denken Sie auch an Mittel- und Kleinbetriebe.

Übung 23

Die Kurzbewerbung

In manchen Fällen kann es sinnvoll sein, statt der vollständigen Bewerbungsunterlagen zunächst eine Kurzbewerbung abzuschicken. Die Kurzbewerbung besteht aus dem Anschreiben mit den wesentlichen Angaben über Fähigkeiten, Kenntnisse und Berufserfahrung und einem kurzen Lebenslauf mit Lichtbild.

In folgenden Fällen erscheint die „Kurzwerbung“ sinnvoll:

1 Sie bewerben sich auf eine „Chiffre-Anzeige“ und scheuen sich, Ihre vollständigen Unterlagen zu verschicken.

2 Sie bewerben sich von unterwegs, also aus dem Urlaub oder von einer Geschäftsreise, wo Sie Ihre vollständigen Unterlagen und Daten nicht zur Hand haben.

3 Sie wollen mit einer unaufgeforderten Bewerbung erst einmal anfragen, ob überhaupt eine Stelle frei ist.

Im Anschreiben weisen Sie darauf hin, daß Sie bei Interesse an der Bewerbung Ihre vollständigen Unterlagen nachsenden.

8. Lebenslauf und Lichtbild

Sie können sicher sein, daß Ihr Lebenslauf eine wichtige, wenn nicht sogar die entscheidende Rolle für Ihre Beurteilung spielen wird. Ein Personalchef müßte, um einen Überblick zu bekommen, sich selbst eine stichwortartige Übersicht von jeder Bewerbung machen, um die eingegangenen Bewerbungen miteinander vergleichen zu können. Er braucht eine zusammengefaßte Beurteilungsgrundlage, einen Leitfaden.

In der Praxis hat sich diese Grundfunktion des Lebenslaufs immer mehr durchgesetzt. Das bedeutet für den Bewerber, daß er den Leser schon mit seinem Lebenslauf überzeugen muß, noch bevor dieser einen Blick in die beigefügten Unterlagen wirft. Erst wenn der Empfänger nach dem Studieren des Lebenslaufs der Meinung ist, der Bewerber könnte in Frage kommen, wird er sich mit den Zeugnissen und den übrigen beigefügten Unterlagen befassen.

Die drei Arten von Lebensläufen

Verlangt man von Ihnen den handgeschriebenen Lebenslauf, so müssen Sie sich daran halten und einen Lebenslauf in Aufsatzform verfassen. Man hat dabei seine Lebensdaten in einen Text einzukleiden. Diese Form des Lebenslaufs wird häufig von Behörden und kirchlichen Einrichtungen und im Hotel- und Gaststättengewerbe verlangt. Besonders der Aufbau und die sprachliche Gestaltung werden analysiert. Solche handgeschriebenen Lebensläufe dienen häufig als Unterlage für ein graphologisches Gutachten.

Den allgemeinen Standard bildet allerdings heute der maschinengeschriebene, tabellarische Lebenslauf mit einer chronologischen Gliederung. Diese Form wirkt sachlicher, ist übersichtlicher und läßt sich zudem auch noch leichter schreiben, weil nur Stichworte benötigt werden. Außerdem zeigt der tabellarische Lebenslauf dem Empfänger, daß der Bewerber in der Lage ist, das Wichtigste zu erkennen und dieses auch darzustellen.

Als dritte Möglichkeit gibt es den funktionalen Lebenslauf:

Man kann Ausbildung und Berufserfahrungen in Blocks zusammenfassen. Das Ordnungskriterium ist dann nicht die chronologische Reihenfolge wie im tabellarischen Lebenslauf, sondern der sachliche Zusammenhang von Ausbildung und Berufpraxis. Der funktionale Lebenslauf bietet sich für Bewerber an, deren Berufstätigkeit immer wieder einmal unterbrochen wurde, zum Beispiel durch Zeiten der Arbeitslosigkeit. Naheliegend ist diese Form auch für diejenigen, die mehrere Ausbildungen bzw. eine Umschulung absolviert haben.

Inhalt

Geben sie im Lebenslauf grundsätzlich nur Auskunft über:

- Ihre Person
- Ihre Schulbildung
- Ihre Fortbildung
- Ihre Berufsausbildung
- Ihre bisherige Berufspraxis

Nicht in den Lebenslauf gehören normalerweise:

- Vermögensverhältnisse
- Glaubensbekenntnisse
- Politische Bekenntnisse, Parteienzugehörigkeit
- Gesundheitszustand

Achten Sie darauf, daß Ihr Lebenslauf nicht durch zuviele Zahlen unübersichtlich wird. Machen Sie aber auch nicht den Fehler, Ihr Geburtsdatum anzugeben mit: „30 Jahre alt". Überlassen Sie dem Empfänger das Rechnen; der wird es sowieso tun. Nennen Sie daher nur Ihr Geburtsdatum, das ist genauer und wirkt sachlicher.

„Soll man den Beruf des Vaters nennen?" das fragen im Bewerbungstraining viele Teilnehmer. Der Beruf Ihrer Eltern läßt erkennen, aus welchem Milieu Sie kommen. War Ihr Vater beispielsweise ungelernter Arbeiter und Sie streben eine gehobene Stelle an, so kann das zeigen, daß sie sich emporgearbeitet haben. Erwähnen Sie den Beruf Ihrer Eltern, so könnte es sein, daß man herauslesen will, ob Ihnen aufgrund Ihrer Herkunft Erfolge in den Schoß gefallen sind, oder ob Sie hart darum kämpfen mußten. Je nachdem wird man das Erreichte auf- oder abwerten.

Man sieht also: Gerade auf diesem Gebiet sind die Schlußfolgerungen des Empfängers unvermeidlich mit subjektiven Wertvorstellungen verflochten, sodaß Sie in Ihrer Situation nicht unbedingt erkennen können, wie der Empfänger diese Information bewertet. Lassen Sie deshalb Ihre Eltern am besten unerwähnt.

Bei Bewerbungen um einen Auszubildungsplatz sieht die Sache natürlich anders aus. Denn junge Menschen stehen in der Regel noch in einem engen Kontakt zum Elternhaus und sind in ihrer derzeitigen Lebenssituation von daher sehr stark geprägt.

Für den Lebenslauf gilt das gleiche wie für das Bewerbungsanschreiben: Sie sollten immer berücksichtigen, bei wem Sie sich bewerben. Der Inhalt sollte daher auf den Adressaten zugeschnitten werden und alle Daten enthalten, die für die ausgeschriebene Stelle von Bedeutung sind.

Gliederung

Für die Gliederung des Lebenslaufs hat sich folgendes Schema bewährt:

1 Angaben zur Person

Vor- und Zuname
Anschrift
Geburtsdatum und -ort
Familienstand
Zahl/Alter der Kinder
Staatsangehörigkeit

2 Schulausbildung

Zeitangabe
Schultyp und -ort
Abschluß

3 Berufsausbildung

Art der Ausbildung
Ausbildungsstätte
Ausbildungsdauer
Abschluß

4 Berufspraxis

Zeitangabe
Berufsbezeichnung/Position
Betrieb/ Ort
Zeitangabe

5 Weiterbildung

Unter diesem Punkt sollten Sie jeweils nur die Kurse angeben, die für die in Frage kommende Stelle relevant sind.

6 Besondere Kenntnisse

Z.B. Fremdsprachen, EDV-Kenntnisse

7 Sonstiges

Eventuell können unter diesem Gliederungspunkt weitere entscheidende Angaben gemacht werden, wie Übersiedlung aus der DDR.

8 Abschluß

Als Abschluß enthält der Lebenslauf das Datum der Bewerbung und die Unterschrift des Bewerbers. Oben in der rechten Ecke wird das Lichtbild befestigt.

Grundsatz der Vollständigkeit

Zu jeder aussagekräftigen, vollständigen Bewerbung gehört als wesentlicher Bestandteil ein lückenloser Lebenslauf. Den allgemeinen Standard bildet heute der maschinengeschriebene, tabellarische Lebenslauf. Mit voller Berechtigung kann man den Lebenslauf als Kernstück einer Bewerbung bezeichnen.

Einen ausformulierten oder einen handgeschriebenen Lebenslauf sollten Sie nur auf ausdrücklichen Wunsch anfertigen. Beachten Sie dabei: Handgeschriebene Lebensläufe dienen häufig als Unterlage für ein graphologisches Gutachten (s. auch Kap. 11).

Für viele Arbeitgeber ist der Lebenslauf die wichtigste Grundlage zur Beurteilung der eingegangenen Bewerbung. Anhand des Lebenslaufes werden die Bewerbungen häufig in die Kategorien erste, zweite und dritte Wahl sortiert.

Oberstes Gebot ist deshalb Vollständigkeit. Der Lebenslauf sollte zeitlich lückenlos den bisherigen Ausbildungs- und Berufsweg wiedergeben. Um diesem Anspruch zu genügen, gibt es grundsätzlich drei Möglichkeiten, die Lebensdaten anzugeben:

1 Beschränkung auf die Jahreszahl, z.B. 1971 — 1976

2 zusätzliche Monatsangabe, z.B. 09/84 — 02/87

3 zusätzliche Tagesangabe, z.B. 01.10.86 — 31.03.89

Jede dieser Formen hat sowohl Vor- als auch Nachteile. Maßstab für die Wahl der Datumsangabe sollte immer die Übersichtlichkeit sein. Sie sollen dem Leser ja alles so leicht wie möglich machen!

Im allgemeinen wird es ausreichen, wenn Sie sich auf die zusätzliche Monatsangabe beschränken. Die genaue Tagesangabe bringt dem Leser nämlich kaum informative Vorteile, verschlechtert aber fast immer die Übersichtlichkeit eines Lebenslaufs.

Im Zusammenhang mit der Forderung nach lückenloser Darstellung des Lebenslaufs taucht immer wieder die Frage auf, wie man eigentlich Unterbrechungen der beruflichen Praxis angeben soll. Gründe für diese Unterbrechungen sind normalerweise: Arbeitslosigkeit, Mutterschaftsurlaub, Freiheitsstrafen, freiwilliges, vorübergehendes Ausscheiden aus dem Arbeitsprozeß usw. Soll man in seinem Lebenslauf solche Unterbrechungen angeben? Auch wenn dadurch unter Umständen die Bewerbungschancen erheblich sinken?

Grundsätzlich ja! Denn die Zeitabschnitte der Berufspraxis lassen sich anhand der Arbeitszeugnisse einwandfrei überprüfen. Deshalb ist es immer besser, etwaige Ausfallzeiten nicht zu verheimlichen. Außerdem kann man sicher sein, daß ein Personalfachmann schon beim ersten Überfliegen die zeitlichen Lücken entdecken wird. Falls Sie Lücken auszuweisen haben, gehen Sie nicht einfach darüber hinweg, sondern klären Sie den Sachverhalt.

Geben Sie dem Personalchef lieber eine gute Begründung für die Unterbrechung. Überzeugen Sie ihn möglichst, daß die Unterbrechung unvermeindlich war und nicht von Ihnen verschuldet wurde. Formulieren Sie aber die Begründung so kurz wie möglich. Beispielsweise in dieser Form:

10/74 — 05/75 Arbeitslosigkeit durch Konkurs des Arbeitgebers.

Weitere Hinweise zur Problematik „Lücke im Lebenslauf“ finden Sie weiter unten in diesem Kapitel!

Grundsatz der Wahrheit

Versuchen Sie nie im Lebenslauf Ihre persönlichen Daten zu frisieren, in der Meinung, Sie könnten ihn so verbessern. Ebenso sind falsche zusätzliche Angaben keine gutes Poliermittel. Informationen aus dem Lebenslauf sind nur dann für den Personalchef aussagefähig, wenn sie durch entsprechende Belege nachgewiesen werden. Falsche Angaben erfordern also auch falsche Belege. Es lohnt sich nicht zu täuschen, und bedenken Sie, Sie müssen mit Ihrer Unterschrift die Wahrheit Ihrer Angaben bestätigen.

In der Praxis genügt im übrigen der bloße Verdacht auf Manipulation, um den Bewerber vorzeitig ausscheiden zu lassen. Werden die falschen Angaben erst nach der Einstellung entdeckt, kann das zur fristlosen Entlassung führen. Außerdem hat der getäuschte Arbeitgeber auch noch einen Anspruch auf Schadensersatz. Es lohnt sich also nicht!

Grundsatz der Knappheit

Ein vollständiger und wahrer Lebenslauf muß nicht zwangsläfig auch umfangreich sein. Er darf es auch gar nicht sein! Alle erforderlichen Angaben sollten vielmehr in möglichst knapper Form dargestellt werden. Schreiben Sie keinen Lebensroman!

Denken Sie besonders beim Verfassen Ihres handschriftlichen Lebenslaufs in Aufsatzform an den armen Personalchef, der sich möglicherweise durch hundert Lebensschicksale hindurchkämpfen müßte!

Grundsatz der Übersichtlichkeit

Ein mit der Maschine oder dem PC geschriebener tabellarischer Lebenslauf sollte auf keinen Fall umfangreicher sein als zwei DIN-A4-Seiten. Je kürzer der Lebenslauf formuliert wird, um so übersichtlicher wirkt er auch. Der übersichtliche Lebenslauf hilft dem Leser Zeit zu sparen, und der Bewerber, der in der Lage ist, die wesentlichen Daten in knapper Form übersichtlich darzustellen, beweist damit, daß er methodisch und effizient arbeiten kann.

In allen Büro-Berufen übernimmt der Lebenslauf auch noch zusätzlich die Funktion einer Arbeitsprobe, die man der Bewerbung beilegt. Deshalb wird in diesem Bereich der Arbeitswelt natürlich doppelt auf die Form und Übersichtlichkeit eines Lebenslaufs geachtet.

Im übrigen hängt die Übersichtlichkeit in erster Linie von der formalen Gestaltung ab.

Formale Gestaltung

Die Gestaltung der äußeren Form eines Lebenslaufs hat die Aufgabe, die erforderliche Übersichtlichkeit zu gewährleisten. Die einzelnen Daten müssen so angeordnet sein, daß ein sauberer, übersichtlicher und durchdachter Eindruck entsteht.

Für die formale Gestaltung des Lebenslaufs hat man sich grundsätzlich an die Regeln für das Maschineschreiben nach DIN 5008 zu halten. Dieselben Kriterien gelten für den handgeschriebenen Lebenslauf.

Man verwendet am besten weißes DIN-A4-Papier, eine Schreibmaschine bzw. einen PC mit einem Textverarbeitungsprogramm und einen guten Drucker. Für den handgeschriebenen Lebenslauf braucht man einen Füllfederhalter (keinen Filzstift, Kugelschreiber, Bleistift o.ä. wegen des schlechteren Schriftbilds).

Wird der Lebenslauf mit der Hand geschrieben, empfiehlt es sich, ein Linienblatt unterzulegen, wenn man beim Schreiben nicht sicher in der Linienführung ist. Wer mit der Schreibmaschine oder dem PC seinen tabellarischen oder funktionalen Lebenslauf schreibt, sollte grundsätzlich mit einzeiligem Abstand schreiben.

Genau wie beim Bewerbungsschreiben sollte der Rand links mindestens 2,5 cm breit sein (Grad 10), für den oberen Rand gilt das gleiche; unten läßt man einen Rand von 3 cm und rechts läßt man mindestens 1,5 cm frei.

Beim Lebenslauf sind im einzelnen folgende Teile formal zu gestalten:

Die Überschrift steht linksbündig oder in der Mitte und wird unterstrichen. Die Abstände zwischen den einzelnen Datengruppen müssen individuell festgelegt werden. Die Überschriften dieser Datengruppen sollte man wegen der besseren Übersicht ebenfalls unterstreichen oder auch durch Fettdruck hervorheben. Unter dem Text stehen in ausreichendem Abstand die Ortsangabe und das Datum auf der linken Seite. Unterschrieben wird in gleicher Höhe auf der rechten Seite.

Das Lichtbild

Ein Lichtbild gehört grundsätzlich zu jeder Bewerbung. Wie heißt es so schön: „Ein Bild sagt mehr als tausend Worte."

Das Lichbild ist zwar ein vorwiegend gefühlsmäßiges, aber gerade deshalb oft entscheidendes Beurteilungskriterium. Wer auf dem Foto gut aussieht, hat bessere Karten, mit seiner Bewerbung Erfolg zu haben. Denn es gibt so etwas wie „Sympathie auf den ersten Blick".

Bei der Entscheidung für das richtige Lichtbild sollte man folgendes beachten:

1 Verwenden Sie keine Automatenfotos, denn sie lassen jede Person unattraktiv erscheinen. Mir ist niemand bekannt, der auf solchen Aufnahmen nicht starke Ähnlichkeiten mit Frankenstein oder dessen Tochter hat. Lassen Sie sich statt dessen von einem Berufsfotografen aufnehmen.

2 Ob man ein Schwarzweiß- oder Farbfoto verwendet, kann eigentlich jeder nach seinem Geschmack entscheiden; ein Colorbild strahlt mehr Wärme aus, eine Schwarzweiß-Aufnahme kann markanter sein und Ihren Typ unter Umständen besser betonen.

3 Das Format des Fotos sollte Paßbildgröße haben, und nehmen Sie ein Bild neueren Datums, das heißt, das Foto sollte keinesfalls älter als ein Jahr sein.

4 Bei der Auswahl des Bildes lassen Sie sich bitte nicht von Ihrem persönlichen Gefallen alleine leiten. Fragen Sie den Fotografen, was er Ihnen empfiehlt. Fragen Sie aber auch noch Freunde und Bekannte.

Versehen Sie das Foto unbedingt auf der Rückseite mit Ihrem Namen und Ihrer Anschrift, denn es kann sich leicht selbständig machen. Es ist üblich, das Foto an den Lebenslauf zu heften oder es in der rechten oberen Ecke des Lebenslaufs aufzukleben.

Obwohl ein Personalchef bemüht sein wird, eine objektive Entscheidung zu treffen, welche Bewerberinnen und Bewerber er zum Vorstellungsgespräch einladen wird, hat er mit seinen Vorurteilen immer zu kämpfen. Und die Bewerbungsunterlagen bestehen aus einigen Vorurteilsträgern:

❖ Die gesamte Aufmachung Ihrer Bewerbung (wie die Aufmachung, so der Bewerber!),

❖ die Art, wie Sie schreiben (Stilanalyse), sowie

❖ Ihr Bewerbungsfoto (sympathisch, unsympathisch).

Nun halten sich erfahrungsgemäß viele Menschen nicht für fotogen, einige sind mit ihrem Äußeren grundsätzlich unzufrieden. Denken Sie aber daran, daß erfolgreiche Menschen nicht unbedingt auch schön sein müssen (J.P. Belmondo, Margret Thatcher, Helga Feddersen u.a.).

Jeder kann das beste aus seinem Typ machen, und jeder kann gleichzeitig dynamisch, erfolgreich und freundlich oder eben resigniert, schlaff und ängstlich wirken — je nachdem, wie man auf dem Foto getroffen ist.

☛ *Hinweis:* *Von Firmenseite heißt es, daß ein Foto den Bewerber so zeigt, wie er sich sieht und bejaht!*

Lassen Sie also das Foto von sich machen, mit dem Sie sich auch tatsächlich identifizieren. Hierzu noch einige praktische Tips:

1 Ziehen Sie sich zum Fototermin so an, wie es der Bedeutung Ihrer Bewerbung angemessen ist.

2 Ihre Haare sollten frisch gewaschen sein und die Frisur gepflegt.

3 Schauen Sie dem Betrachter (der Linse) in die Augen. Das verrät Selbstbewußtsein.

4 Auch ein Foto gibt körpersprachlich Signale wieder. Achten Sie deshalb auf Ihren Gesichtsausdruck und die Körperhaltung bei der Aufnahme.

Eine Lücke im Lebenslauf

Zu einem besonders brisanten Thema noch ein paar Überlegungen:

Ein Personalchef, haben wir gesehen, interessiert sich vor allem für die Ausbildung und den beruflichen Werdegang der Bewerber. Diese Informationen bewertet er und vergleicht sie mit der ausgeschriebenen Stelle und den anderen Bewerbern.

Eine übersichtliche, klar strukturierte tabellarische Darstellung im Lebenslauf hilft ihm dabei sehr. Besonders achtet der Einstellende dabei auf „Lücken“ im Lebenslauf. Hierzu zählen Zeiten, in denen ein Kandidat keine Beschäftigung oder Aus- und Fortbildung nachweist. Solche Lücken können entstehen durch Zeiten der Schwangerschaft, längere Krankheiten, Auslandsaufenthalte, Arbeitslosigkeit, aber auch durch mangelnde Sorgfalt, wenn ein Bewerber Zeiten „vergißt“. Will er hier etwas verschweigen?

Was überlegt der Einstellende, wenn in einem Lebenslauf Zeiten der Arbeitslosigkeit aufgeführt sind? Können Sie diese Zeit positiv darstellen und damit Ihre Chance erhöhen, zu einem Gespräch eingeladen zu werden? Haben Sie sich vielleicht in dieser Zeit gezielt fortgebildet durch Verbesserung Ihrer Schreibmaschinen- und Stenographiefertigkeiten oder durch die Teilnahme an EDV-Lehrgängen o.ä.?

Versetzen Sie sich in die Rolle des Personalchefs. Versuchen Sie, aus seiner Sicht Ihre Situation zu beurteilen. Diese Strategie, das sei an dieser Stelle schon erwähnt, sollten Sie allgemein bei einer Bewerbung anwenden. Spätestens im Vorstellungsgespräch wird der Einstellende auf Schwachpunkte in Ihrem Lebenslauf eingehen. Wenn Sie sich vorab mit diesen Punkten auseinandersetzen, werden Sie im Gespräch nicht allzu unangenehm überrascht.

Das Problem der Arbeitslosigkeit

Wenden wir uns noch etwas intensiver der problematischen Lücke Arbeitslosigkeit zu: Zunächst wird der Personalchef fragen, wie es zur Arbeitslosigkeit kam — zwangsläufig oder freiwilig? Bei der Schließung eines Betriebes zum Beispiel oder bei Entlassungen aus Rationalisierungsgründen kann man von zwangsläufiger Arbeitslosigkeit sprechen. Diese Tatsache sollte im Zeugnis erwähnt sein.

Wenn ein Arbeitnehmer von sich aus kündigt, ohne eine anschließende Beschäftigung gesichert zu haben, nimmt er die Arbeitslosigkeit freiwillig in Kauf. Der Einstellende wird sich besonders für die Gründe der Kündigung interessieren. Er wird vielleicht annehmen, daß der Bewerber in diesem Fall und deshalb vielleicht auch in anderen Situationen nicht überlegt vorgeht, sondern emotional handelt. Wäre er rational vorgegangen, dann hätte er erst gekündigt, nachdem ihm bereits eine neue Stelle sicher war.

Von besonderer Bedeutung ist die Zeitspanne der Arbeitslosigkeit. Mit zunehmender Dauer werden die Chancen einer Beschäftigung im erlernten Beruf geringer. Die Unternehmen suchen in der Regel erfahrene Mitarbeiter, die in ihrem Tätigkeitsbereich Berufspraxis nachweisen können.

Je länger ein Bewerber in seinem Beruf nicht tätig war, desto niedriger wird seine Praxis eingeschätzt. Außerdem „verlernt“ er viel. Diese Erfahrung machen viele Mütter, die nach Jahren wieder in ihrem früheren Beruf zurückkehren wollen, nachdem ihre Kinder groß geworden sind.

Was hat der Bewerber unternommen, um seinen Kenntnisstand aufrechtzuhalten oder zu verbessern? Diese Frage sollten sich auch Hochschulabsolventen stellen, die nach Abschluß ihres Studiums keine Anstellung finden.

Für sie kommt erschwerend hinzu, wenn sie überdurchschnittlich lange studiert und nur einen schwachen Abschluß erreicht haben. Sie erhalten häufig eine Absage nach der anderen und sind verständlicherweise frustriert. Die Gefahr, daß sie resignieren, ist groß.

Einen negativen Eindruck rufen Angaben über Arbeitslosigkeit hervor, wenn sie nicht weiter kommentiert werden, etwa in der Form „1o/87 bis 1/89 arbeitslos“.

Wie hat der Bewerber diese Zeit überbrückt? Hat er sich selbst um eine Anstellung bemüht? War er außerhalb seines Berufs tätig? Hat er Fortbildungsveranstaltungen besucht? Mit den Informationen, die Sie in Ihrem Lebenslauf geben, können Sie das Interesse des Einstellenden auf bestimmte Punkte hin- und von anderen ablenken.

Wenn Arbeitslosigkeit abzusehen ist, sollten Sie sich rechtzeitig um eine Weiterbildung bemühen. Schließen Sie diese Maßnahme erfolgreich ab, können Sie den ganzen Zeitraum als Weiterbildungszeitraum im Lebenslauf anführen. Selbstverständlich müssen Sie Ihre Angaben belegen können.

In jedem Fall jedoch erwecken Sie einen positiven Eindruck: Sie waren aktiv und haben Ihre Qualifikation ausgebaut. Sie gewinnen Vorteile, wenn Ihre Weiterbildung für die angestrebte Tätigkeit nützlich und verwendbar ist. Qualifikationen dieser Art sollten Sie in jedem Fall in Ihren Lebenslauf aufnehmen.

Scheuen Sie sich nicht, auch ehrenamtliche Tätigkeiten während der Arbeitslosigkeit anzuführen, die in Zusammenhang mit ihrer Ausbildung oder einer angestrebten Stelle stehen. Zum einen vermeiden Sie den Eindruck, daß Sie sich ergeben Ihrem Schicksal gefügt haben, und andererseits verweisen Sie damit auf mögliche Anforderungen wie Organisationsgeschick, Teamfähigkeit oder Durchsetzungsvermögen.

Halten Sie sich Ihr Ziel vor Augen: Sie wollen zu einem Vorstellungsgespräch eingeladen werden. Dann allerdings werden Sie Farbe bekennen müssen. Erwekken Sie allerdings in Ihrer Bewerbung trotzdem nie den Eindruck von Fähigkeiten und Kenntnissen, über die Sie gar nicht verfügen!

Und noch eine Hilfe: Der Lebenslauf kann gezielt im Hinblick auf eine bestimmte Position formuliert werden, ohne daß Sie damit unwahr handeln. Je nach Anforderung heben Sie bestimmte Qualifikationen stärker hervor.

Wenn Sie Zeiten der Arbeitslosigkeit nicht mit Fortbildung belegen können, sollten Sie im Anschreiben diese Lücke ansprechen und kurz begründen. Dasselbe gilt für längere Zeitspannen, in denen Sie nicht in Ihrem Beruf tätig waren. Der Einstellende ist daran interessiert, zu erfahren, ob Sie die Anforderungen (noch) erfüllen!

Ein arbeitsloser Bewerber muß sich in jedem Fall seine Situation vergegenwärtigen. Was will er erreichen? Wie will er es erreichen? Was ist er bereit, dafür einzusetzen? Er sollte kritisch seine bisherige Bewerbungsstrategie analysieren und mit Freunden und Kollegen sprechen, wenn seine Versuche längere Zeit erfolglos blieben.

Auch die Tatsache, daß es für bestimmte Berufe keinen Bedarf gibt oder das Angebot freier Stellen zu gering ist, sollte man als Bewerber miteinkalkulieren. Es liegt nicht immer nur an einem selbst. In vielen Stellenanzeigen werden Positionen ausgeschrieben, die nicht unbedingt von Angehörigen einer bestimmten Berufsgruppe besetzt werden müssen.

Es lohnt sich auf jeden Fall, auch einmal nach rechts und links zu schauen, welche Möglichkeiten und Alternativen eines beruflichen Neueinstiegs es noch gibt. Entscheidend sind immer die konkreten Anforderungen des Tätigkeitsfeldes, die Sie möglicherweise ebenfalls erfüllen können. Im Marketingbereich zum Beispiel stehen häufig Juristen, Psychologen und Pädagogen in Konkurrenz zu Wirtschaftlern. Sie sind nicht chancenlos, wenn sie bereit sind, sich fachübergreifendes Wissen anzueignen!

Analyse des Lebenslaufes

Der Lebenslauf kann unter drei Gesichtspunkten, die auch der Bewerber kennen sollte, analysiert werden.

1. Zeitfolgeanalyse

Bei der Zeitfolgeanalyse wird der Lebenslauf auf zeitliche Lücken und Arbeitsplatzwechsel durchgesehen. Lücken können auf problematische Phasen hinweisen und werden daher im Vorstellungsgespräch sicherlich angesprochen. Die Bewertung der Arbeitsplatzwechsel hängt von den jeweiligen Gründen ab: Arbeitsplatzwechsel in kurzen Zeitabständen werden allgemein negativ eingeschätzt, denn der Bewerber wird das wahrscheinlich auch in Zukunft tun. Weiterhin spielt das Alter für die Beurteilung der Wechselhäufigkeit eine Rolle. In jungen Jahren dient ein Arbeitsplatzwechsel oft dazu, verschiedene Erfahrungen zu sammeln.

2. Positionsanalyse

Bei der Positionsanalyse wird die berufliche Entwicklung daraufhin untersucht, wie folgerichtig und geradlinig sie verlaufen ist. Analysiert werden Auf- und Abstieg, Berufswechsel und Wechsel des Arbeitsgebietes. Hier interessieren zum Beispiel folgende Fragen: Wie konsequent ist die bisherige Laufbahnplanung? Liegt dem Arbeitsplatzwechsel ein logischer Aufbau zugrunde, oder gibt es ein zielloses Wechseln in unterschiedliche Aufgabenbereiche? Gibt es bei einem Berufswechsel plausible Erklärungen?

Clevere Personalleute achten auch darauf, wann Sie aus den früheren Arbeitsverhältnissen ausgeschieden sind. Stimmt der Austrittstermin nicht mit den üblichen Kündigungsfristen überein, oder sind Sie innerhalb des Monats oder Quartals ausgeschieden, so müssen Sie auch hier mit Mißtrauen und weiteren Fragen rechnen. Ihre Kündigung betreffende Formulierungen in Ihrem Arbeitszeugnis aber auch die Angaben über Leistung und Führung werden dann besonders kritisch unter die Lupe genommen.

3. Stilanalyse

Der Reichtum an Gedanken und die Fülle der Einfälle sprechen für den menschlichen Gehalt des Bewerbers. In der Originalität, dem Einfallsreichtum und der Lebendigkeit der Sprache ist der Bewerber zu erkennen, genauso wie der negativ auffällt, der ideenlos und abgenutzt schreibt. Gerade in den wenigen Sätzen eines Lebenslaufs in Aufsatzform (das gleiche gilt für das Anschreiben) muß sich das Format des Schreibers zeigen.

Die Formulierungen der Sätze in einem handgeschriebenen Lebenslauf sind keineswegs harmlos. Sie lassen erkennen, ob die Gedankenführung anschaulich-konkret oder begrifflich-abstrakt verläuft, ob spontan und naiv oder reflektiv-kritisch, ob großzügig oder pedantisch-exakt, ob eng oder weit, mehr gefühlsgebunden oder sachgebunden: so zeigt der Bewerber seine Art des Denkens.

☛ *Hinweis:* *In diesem Zusammenhang möchte ich noch einmal ausdrücklich davor warnen, irgendwelche Lebensläufe oder Anschreiben einfach abzuschreiben. Jeder im Lesen von Bewerbungsunterlagen Geübte merkt sehr schnell, daß die Formulierungen nicht die Ihrigen sind. Achten Sie also immer darauf, daß Sie Ihre Art des sprachlichen Ausdrucks, die Ihnen eigen ist, nicht verleugnen.*

Checkliste

So werten Personalleute Ihren Lebenslauf aus:

1 Stimmen die Daten im Lebenslauf mit den Daten in den Zeugnissen und im Anschreiben überein?

2 Fehlen Nachweise für Ausbildungs- und Berufsabschnitte?

3 Welche Ausbildungen wurden begonnen?
Sind diese Ausbildungen auch beendet worden?

4 Wie gut waren Leistung und Führung während der Ausbildung bzw. während der Arbeitsverhältnisse?

5 Gibt es größere Lücken in den Ausbildungs- und Berufsabschnitten?
Warum? (Arbeitslosigkeit, Krankenhaus, Gefängnis usw.)

6 Wurden berufliche Tätigkeiten zu nicht üblichen Kündigungsterminen beendet?

7 Ist aus den Stellenwechseln eine Kontinuität oder Zielrichtung zu erkennen?

8 Wie oft wurden Ausbildungsstätten und Tätigkeiten gewechselt?

9 Wie lange war die durchschnittliche Verweilzeit bei den einzelnen Arbeitgebern?

10 Waren die Stellenwechsel mit einem Aufstieg verbunden oder gab es keine wesentlichen Verbesserungen?

Praktische Arbeitsschritte

Übung 24

Analyse eines Beispieles

Auf der nachfolgenden Seite ist ein beispielhafter Lebenslauf abgebildet. Beantworten Sie dazu die folgenden Fragen:

Fragen zur Auswertung:

1 Hat Frau Fischer ihre Lehre vor der IHK abgeschlossen? Mit welcher Note?

2 Aus welchem Grund hat sie jeweils die Stellen gewechselt?

3 Was hat es mit der Krankheit auf sich? Ist die Bewerberin etwa nicht belastbar?

4 Aus welcher Motivation heraus hat sie die EDV-Fortbildung gemacht?

5 Ist Frau Fischer nur in den Bereichen Ein- und Verkauf einsetzbar?

Fallen Ihnen weitere Fragen ein?

Übung 25

Tabellarischer/funktionaler Lebenslauf

Sammeln Sie die exakten Daten Ihres Lebenslaufs, und stellen Sie sie in Form einer Tabelle zusammen. Halten Sie sich dabei an die Grundsätze und praktischen Ratschläge, die Ihnen auf den vorangehenden Seiten des Buches angeboten werden.

Entscheiden Sie, je nachdem wie Ihre Lebensdaten, vor allem die Daten Ihrer Berufskarriere sind, ob Sie einen tabellarischen Lebenslauf in zeitlicher Reihenfolge verfassen oder einen funktionalen, in dem Sie eine sachliche Ordnung Ihrer Daten vornehmen.

Fertigen Sie eine saubere, mit Maschine oder PC geschriebene Reinschrift an mit einigen Kopien.

☛ *Hinweis:* *Im Anhang des Buches finden Sie verschiedene gute Modelle, die Ihnen Anregung sein sollen bei der Gestaltung Ihres Lebenslaufs in Form einer Tabelle.*

LEBENSLAUF

Name	Regina Fischer
Straße und Wohnort	Hans-Bach-Str. 15 5600 Wuppertal
Telefon	0202/ 12 34 56, ab 17 Uhr
Geburtsdatum und -ort	29.02.49, Wuppertal
Familienstand	geschieden, ein Kind (ganztags versorgt)
Führerschein	Klasse III
Schulische Ausbildung	
Volksschule	5600 Wuppertal von 4/54 bis 3/59
Realschule	5600 Wuppertal von 4/59 bis 3/65 Mittlere Reife am 19.3.65
Berufsausbildung	
Lehre zum Industriekaufmann	5600 Wuppertal von 4/65 bis 3/68 Firma Fritz Sauerborn, Getriebebau
Berufserfahrung	
von 4/68 bis 12/71	5600 Wuppertal Firma Fritz Sauerborn, Getriebebau Kaufmännische Angestellte in den Abteilungen Ein- und Verkauf
von 1/72 bis 12/79	5600 Wuppertal Firma Reiser und Sauels GmbH, Antriebstechnik Sachbearbeiterin im Ein-/Verkauf
von 1/80 bis 12/84	5620 Velbert Firma Wolke oHG, Druckerei Sachbearbeiterin im Verkauf und Sekretärin, Schwerpunkte: Korrespondenz, Werbung, Verkaufsgespräche mit Direktabnehmern
von 1/85 bis 4/85	Ausfall wegen Krankheit und Wiederherstellung der Arbeitsfähigkeit
von 8/85 bis 1/86	5600 Wuppertal Olivetti-Bildungszentrum Praxisseminar für moderne Daten- /Textverarbeitung Schwerpunkte: Rechnungswesen, Absatz- u. Materialwirtschaft, Büroorganisation, PC-Training mit integrierter Software
von 2/86 bis 4/86	5600 Wuppertal Wicküler Brauerei Betriebspraktikum in der Marketingabteilung Einsatz als kfm. Sachbearbeiterin (Absatzwirtschaft mit IBM-Rechner)
Besondere Kenntnisse	Schreibmaschine 260 Anschläge Grundkenntnisse im Commercial English

Wuppertal, den... (Unterschrift)

Übung 26

Analyse des eigenen Lebenslaufs

Überprüfen Sie die Gestaltung und den Aufbau Ihres Lebenslaufs. Ziehen Sie dabei die Checkliste zu Rate „So werten Personalleute Ihren Lebenslauf aus“. Notieren Sie sich Fragen, die sich aus Ihrem Lebenslauf ergeben.

Übung 27

Lebenslauf in Aufsatzform

Formulieren Sie die Daten Ihres tabellarischen/funktionalen Lebenslaufs in Sätzen aus, und schreiben Sie Ihren handgeschriebenen Lebenslauf vor.

Fertigen Sie schließlich zwei oder drei Reinschriften an.

☛ *Hinweis:* *Lassen Sie sich bei den Formulierungen durch die Beispiele im Anhang anregen. Achten Sie aber stets darauf, daß Sie Ihrem persönlichen Schreibstil treu bleiben.*

9. Zeugnisse und ihr Wert

Über den Wert von Zeugnissen sind Personalleute geteilter Meinung. Einige legen großen Wert darauf, andere schenken ihnen kaum Beachtung.

Bei einer Analyse wird man alle Ihre Zeugnisse im Zusammenhang betrachten. Das einzelne Zeugnis spielt dann nur eine untergeordnete Rolle. Wenn Sie Ihre Unterlagen einmal unter diesem Gesichtspunkt untersuchen, werden Sie feststellen, daß sich viele Aussagen — gute und schlechte — relativieren.

Am besten stellen Sie Ihre Zeugnisse in chronologischer Reihenfolge in Anlehnung an die Gliederung Ihres Lebenslaufes zusammen:

- Schulabschlußzeugnisse
- Zeugnisse über Berufsausbildung
- Zeugnisse und Bescheinigungen von Fortbildungsveranstaltungen
- Zeugnisse Ihrer bisherigen Arbeitgeber

Originale?

Soll man Originale verschicken? — Diese Frage stellen sich viele Bewerber. Sie sollten nie Zeugnisse im Original verschicken!

Wenn Originale verloren gehen, sind solche Dokumente oft nur schwer wieder zu beschaffen. Ein großer Verlust für Sie. Da sind gut lesbare Fotokopien besser geeignet. Wenn eine Zeugniskopie verloren geht, so ist das zwar auch ärgerlich, aber der Verlust reparabel.

Achten Sie aber darauf, daß Ihre Kopien komplett sind. Fotokopieren Sie alle Seiten Ihrer Zeugnisse. Wenn etwas fehlt, wird es für Sie negativ ausgelegt. Es versteht sich von selbst, daß Sie nur Fotokopien von erstklassiger Qualität versenden sollten.

Sie sollten es sich zur Gewohnheit machen, daß Sie Schulabschlußzeugnisse, Lehrbriefe und auch Examenszeugnisse stets vollständig beilegen.

Was Arbeitgeber prüfen

Auch die Zeugnisse Ihrer früheren Arbeitgeber — die Arbeitszeugnisse — sollten Sie vollständig beifügen. Der Empfänger wird mit Hilfe Ihres Lebenslaufes prüfen, ob es Lücken in Ihren Nachweisen gibt. Wenn er Lücken findet, wird er zunächst einmal ein schlechtes Zeugnis vermuten, das Sie verheimlichen wollen, in der Hoffnung, daß er es nicht merkt.

Es gilt folgender Grundsatz:

Alles, was Ihr Können unterstreicht, spricht für Sie.

Also gehören auch die Zeugnisse und Zertifikate über Fortbildungsveranstaltungen, die Sie mit Erfolg absolviert haben, zu Ihren Bewerbungsunterlagen. Belegen Sie aber die Fortbildungen immer nur, insofern sie für die jeweilige Stelle relevant, das heißt von Bedeutung sind.

Dazu gehören auch Kurse, zu denen Ihre Firma Sie geschickt hat. Achten Sie also immer darauf, daß Sie zumindest eine Bescheinigung über die besuchte Veranstaltung bekommen. Allerdings Vorsicht: Sie könnten den Namen Ihres derzeitigen Arbeitgebers ungewollt preisgeben, wenn Sie die jüngsten Zeugnisse und Bescheinigungen beilegen. Das vorzeitige Bekanntgeben Ihrer Firma kann nachteilig für Sie sein. Führen Sie deshalb keine Zeugnisse auf, die den Namen Ihres jetzigen Arbeitgebers tragen.

Haben Sie einen Kursus nicht so gut abgeschlossen, dann belegen Sie den Besuch des Kurses lieber nur mit einer Teilnahmebescheinigung. So unterstreichen Sie immerhin Ihren Fleiß, denn auch der wird anerkannt. Außerdem wird dem Empfänger nicht von jedem Lehrgang bekannt sein, ob es ein Zeugnis oder nur eine Bescheinigung gab.

Was Sie unternehmen, um ihr Wissen zu erweitern, oder um sich fachlich fit zu halten, hebt Sie aus dem Kreis derjenigen hervor, welche dieselben Gelegenheiten hatten, sie aber nicht nutzten. Selbst Zeugnisgegner müssen das anerkennen.

Schulzeugnisse

Von Ihren Schulzeugnissen sind nur die Abschlußzeugnisse wichtig, denn man ist nur an dem interessiert, was letzten Endes bei der Ausbildung herausgekommen ist. Welche Noten Sie in früheren Schuljahren erhielten, ist für Ihre Bewerbung unwichtig. Wer die Mittlere Reife erworben hat, verzichtet auf das Grundschulzeugnis. Abiturienten liefern nur das Reifezeugnis ab.

Zensuren sind problematisch und Zeugnisse haben keinen absoluten Aussagewert. Das könnten sie nur haben, wenn das Niveau der Ausbildung objektiv vergleichbar wäre. Es muß nicht immer so sein, daß der mit schlechteren Zensuren später im Berufsleben weniger leistet, als der mit den besseren Noten. Wir alle kennen die Geschichte vom Musterschüler, der später im Leben versagte. Die Zeugnisnoten werden daher auch selten direkt mit den Noten anderer Bewerber verglichen.

Allerdings wird oft Ihr Abschneiden in einzelnen Fächern durch mehrere Zeugnisse hindurch untersucht. Manchmal versucht man, aus Ihren Noten in bestimmten Schulfächern Rückschlüsse auf einige — für Sie typische — Eigenschaften zu ziehen. Dabei werden bestimmte Fachbereiche mit ganz bestimmten Eigenschaften und Fähigkeiten in Verbindung gebracht:

1 Naturwissenschaftliche Fächer
(z.B. Mathematik, Physik, Chemie)

Abstraktionsvermögen, Konzentrationsfähigkeit, analytisches Denken

2 Fremdsprachen, Geschichte, Erdkunde, Gemeinschaftskunde

Fleiß, Einsatzwille, Allgemeinwissen

3 Spiel, Sport, Werken

Engagement, Anpassungsfähigkeit, Teamgeist

4 künstlerische Fächer
(z.B. Musik, bildnerisches Gestalten)

Phantasie, Kreativität

Vor allem bei besonders guten oder schlechten Noten in diesen Fächern durch mehrere Zeugnisse hindurch wird man der Aussage mehr Gewicht geben.

Arbeitszeugnisse

Wesentlich stärker beachtet werden meistens die Zeugnisse Ihrer früheren Arbeitgeber — die Arbeitszeugnisse. Diese Zeugnisse werden sehr aufmerksam gelesen — auch zwischen den Zeilen. Oft kommt es mehr darauf an, was im Zeugnis weggelassen worden ist als auf das, was geschrieben wurde.

Gleichgültig ob Sie Angestellter oder Gewerblicher sind, bei Beendigung Ihres Arbeitsverhältnisses haben Sie Anspruch auf ein Zeugnis, das Ihnen Ihr Arbeitgeber auf Verlangen ausstellen muß.

Die gesetzlichen Grundlagen für Ihren Anspruch sind:

§ 630 Bürgerliches Gesetzbuch (BGB)

Bei der Beendigung eines dauernden Dienstverhältnisses kann der Verpflichtete von dem anderen Teil ein schriftliches Zeugnis über das Dienstverhältnis und dessen Dauer fordern. Das Zeugnis ist auf Verlangen auf die Leistungen und die Führung im Dienste zu erstrecken.

Dieser Anspruch wird für gewerbliche Arbeitnehmer in § 113 GewO, für Auszubildende in § 8 BBiG und für kaufmännische Angestellte (Handlungsgehilfen) in § 73 HGB wiederholt.

§ 113 Gewerbeordnung (GewO)

(1) Beim Abgang können die Arbeiter ein Zeugnis über die Art und Dauer ihrer Beschäftigung fordern.

(2) Dieses Zeugnis ist auf Verlangen der Arbeiter auf ihre Führung und ihre Leistungen auszudehnen.

(3) Den Arbeitgebern ist untersagt, die Zeugnisse mit Merkmalen zu versehen, welche den Zweck haben, den Arbeiter in einer aus dem Wortlaut des Zeugnisses nicht ersichtlichen Weise zu kennzeichnen.

(4) Ist der Arbeiter minderjährig, so kann das Zeugnis von dem gesetzlichen Vertreter gefordert werden. Dieser kann verlangen, daß das Zeugnis an ihn, nicht an den Minderjährigen ausgehändigt werde. Mit Genehmigung der Gemeindebehörde des in § 108 bezeichneten Ortes kann auch gegen den Willen des gesetzlichen Vertreters die Aushändigung unmittelbar an den Arbeiter erfolgen.

Für kaufmännische, gewerbliche und handwerkliche Auszubildende gilt nach der Neuregelung mit Hilfe des Berufsbildungsgesetzes nunmehr einheitlich der § 8 BBiG. In diese Neuregelung sind ausdrücklich alle Arten von Lehrverhältnissen einbezogen.

§ 8 Berufsbildungsgesetz (BBiG)

(1) Der Ausbildende hat dem Auszubildenden bei Beendigung des Berufsausbildungsverhältnisses ein Zeugnis auszustellen. Hat der Ausbildende die Berufsausbildung nicht selbst durchgeführt, so soll auch der Ausbilder das Zeugnis unterschreiben.

2) Das Zeugnis muß Angaben enthalten über Art, Dauer und Ziel der Ausbildung sowie über die erworbenen Fertigkeiten und Kenntnisse des Auszubildenden. Auf Verlangen des Auszubildenden sind auch Angaben über Führung, Leistung und besondere fachliche Fähigkeiten aufzunehmen.

Hinsichtlich der Zeugniserteilung für kaufmännische Angestellte enthält § 73 HGB folgende Regelung:

§ 73 Handelsgesetzbuch (HGB)

Bei der Beendigung des Dienstverhältnisses kann der Handlungsgehilfe ein schriftliches Zeugnis über die Art und Dauer der Beschäftigung fordern. Das Zeugnis ist auf Verlangen des Handlungsgehilfen auch auf die Führung und die Leistungen auszudehnen.

Wichtige Gerichtsurteile

Ihr Zeugnis können Sie auch noch nach der Kündigung verlangen, der Anspruch verjährt erst 30 Jahre(!) nach Ihrer Kündigung.

Grundsätzlich müssen Sie Ihr Zeugnis selbst abholen. Ihr Arbeitgeber ist nicht verpflichtet, es Ihnen zuzuschicken. Ausnahme: Wenn Sie vorher zu Ihrer Kündigung um das Zeugnis gebeten haben und es war bei Ihrem Ausscheiden nicht zur Abholung bereit, dann ist die Firma in der Bringeschuld.

Ihr Zeugnis muß schriftlich verfaßt und von Ihrem Arbeitgeber oder jemandem mit entsprechender Vertretungsvollmacht unterschrieben worden sein. Der Firmenstempel allein genügt nicht. Nachträgliche Radierungen, Verbesserungen oder Einschaltungen darf das Zeugnis nicht enthalten, könnte doch sonst der Eindruck der Urkundenfälschung erweckt werden. In diesem Fall muß das Zeugnis neu geschrieben werden.

Geheime Kennzeichnungen sind ebenfalls nicht zulässig.

Das Zeugnis muß eindeutig und klar formuliert sein, so daß keine Mißverständnisse entstehen können (Urteil des Bundesarbeitsgerichts, BAG 5 AZR 560/58 vom 23.5.1960).

Außerdem muß es der Wahrheit entsprechen (Urteil des Bundesgerichtshofes, VI ZR 221/62). Ihr Arbeitgeber ist für die Tatsachen beweispflichtig, die der Zeugniserteilung und der darin enthaltenen Bewertungen zugrunde liegen.

Was im Zeugnis steht ist somit auch für Ihren Arbeitgeber bindend. Schließlich hat er es ja selbst geschrieben. Die Firma darf also nachträglich nicht etwas anderes über Sie aussagen, als im Zeugnis steht.

Zudem muß das Zeugnis als einheitliches Ganzes gesehen werden (Urteil des Bundesarbeitsgerichts, BAG 5 AZR 560/58). Man kann also einzelne Partien nicht ohne Gefahr der Sinnentstellung auseinanderreißen.

Um Ihre Person eindeutig zu kennzeichnen, müssen Ihre Vornamen, Ihr Familienname und Ihr Geburtsdatum darin stehen. Außerdem müssen die Dauer Ihres Arbeitsverhältnisses und die Art Ihrer Tätigkeit aus dem Zeugnis hervorgehen.

Einfaches und qualifiziertes Zeugnis

Sie haben die Wahl zwischen zwei verschiedenen Zeugnissen:

- das einfache Zeugnis
- das sogenannte qualifizierte Zeugnis.

Worin liegt der Unterschied?

Während das einfache Zeugnis nur Auskunft über Art und Dauer Ihrer Beschäftigung geben muß, macht das qualifizierte Zeugnis auch Angaben über Ihre Führung und Leistung.

Das einfache Zeugnis

Ohne Ihre Bitte um ein qualifiziertes Zeugnis darf man Ihnen nur ein „einfaches Zeugnis“ ausstellen (Urteil des Arbeitsgerichtes Wilhemshaven, Aktenzeichen Ca 270/71).

Das einfache Zeugnis enthält, wie schon gesagt, nur Angaben über die Art und Dauer Ihres Arbeitsverhältnisses — also keine Wertung.

Ihre Arbeit muß so darin beschrieben werden, daß sich Dritte ein klares Bild von Ihrer Beschäftigung machen können, um so zu beurteilen, ob Sie für die neue Stelle geeignet sind oder nicht.

Ihre Betriebsratszugehörigkeit oder Ihre Mitgliedschaft in einer Partei haben mit Ihrem Arbeitsverhältnis nichts zu tun. Angaben hierüber können Sie sich daher grundsätzlich verbitten (Urteil des Bundesgerichtshofes vom 26.11.63, VI ZR 221/62).

Dagegen müssen Aufgaben und Tätigkeiten, die wesentlichen Aufschluß über Ihre Kenntnisse und Ihre Leistungsfähigkeit erlauben, erwähnt werden. Dazu gehört auch, daß qualifizierte selbständige Tätigkeiten im Zeugnis hervorgehoben werden müssen. Die Betonung qualifizierterer selbständiger Tätigkeiten können Sie also verlangen. Sie haben ein Recht darauf.

Allerdings haben Sie keinen Anspruch auf die Wortwahl oder bestimmte Formulierungen (Urteil des Landesarbeitsgerichtes Düsseldorf vom 2.7.76 — 9 Sa 727/76). Sie können somit auch nicht verlangen, daß bestimmte Formulierungen aus Ihrem Zwischenzeugnis genau übernommen werden.

Wie das Zeugnis im einzelnen formuliert wird, bleibt Sache Ihres Arbeitgebers. Er kann auch nach seinem Ermessen bestimmte Leistungen und Eigenschaften stärker hervorheben. Er darf allerdings nichts auslassen, was der Leser eines

Zeugnisses erwartet. Außerdem darf das Zeugnis nichts Falsches enthalten oder insgesamt ein schiefes Bild vermitteln.

Achten Sie also bei der Beschreibung Ihrer Tätigkeiten auf klare, eindeutige Formulierungen, aus denen die Anforderungshöhe und der Grad Ihrer Selbständigkeit und Verantwortung innerhalb der Tätigkeit hervorgehen.

Ihr neuer Arbeitgeber wird gerade darüber etwas lesen wollen. Fehlen diese Angaben oder sind sie nicht eindeutig formuliert, wird man sich das für das Vorstellungsgespräch vormerken, oder schlimmer noch, man wird daraus schließen, daß Sie eben keine Verantwortung bei Ihrer Tätigkeit getragen haben.

Zusammenfassung

Ein einfaches Zeugnis muß enthalten:

- ❖ Name, Vorname des Arbeitnehmers,
- ❖ die Berufsbezeichnung (mit akademischem Grad),
- ❖ die Art der Beschäftigung und
- ❖ die Dauer der Beschäftigung.

Darüber hinaus darf das einfache Zeugnis enthalten:

- ❖ die Anschrift des Arbeitnehmers,
- ❖ das Geburtsdatum des Arbeitnehmers und
- ❖ den Entlassungsgrund (nur auf ausdrückliches Verlangen).

Das einfache Zeugnis darf **nicht** enthalten:

- ❖ die Beurteilung der Führung und Leistung,
- ❖ die Mitgliedschaft oder Tätigkeit im Betriebsrat und
- ❖ kürzere Unterbrechungen der beruflichen Tätigkeit (z.B. Urlaub, Krankheit).

Das qualifizierte Zeugnis

Qualifizierte Zeugnisse sagen auch aus, wie Sie von Ihrer Firma in Ihrer Leistung und Ihrer Führung beurteilt werden. Nur wenn Sie es ausdrücklich verlangen, muß Ihre Firma Ihnen ein „qualifiziertes Zeugnis“ ausstellen.

Verlangen Sie es möglichst immer. Wenn nämlich Angaben über Ihre Leistung und Führung fehlen, kann man leicht annehmen, daß Sie kein guter Mitarbeiter sind. Haben Sie zunächst nur ein einfaches Zeugnis verlangt, und es sich nun doch anders überlegt, so müssen Sie das später unverzüglich nach Aushändigung des einfachen Zeugnisses verlangen.

In diesem Falle müssen Sie Ihrer Firma üblicherweise einen Tag Zeit zum Schreiben geben. Übrigens muß Ihr Arbeitgeber das Zeugnis nicht vor Ablauf Ihres letzten Arbeitstages bereithalten. Wenn Sie ein qualifiziertes Zeugnis verlangen, gehen Sie auch das Risiko ein, daß für Sie nachteilige Dinge erwähnt werden, denn das Zeugnis muß wahr sein.

Andererseits muß Ihr Arbeitgeber Sie „mit verständigem Wohlwollen“ beurteilen, damit Ihr berufliches Fortkommen nicht unnötig erschwert wird (Urteil des Bundesgerichtshofes vom 26.11.63 Aktenzeichen VI ZR 221/62).

Mit verständigem Wohlwollen beurteilen heißt hierbei, daß einmalige, nicht schwerwiegende oder seltene Vorfälle oder länger zurückliegende Beanstandungen und Umstände, die für Ihre Führung und Leistung nicht charakteristisch sind, im Zeugnis unerwähnt bleiben.

Das Zwischenzeugnis

Im Gegensatz zum endgültigen Zeugnis, das Sie bei Ihrer Kündigung erhalten, haben Zwischenzeugnisse nur vorläufigen Charakter. Sie werden bei noch bestehendem Arbeitsverhältnis ausgestellt. Grundsätzlich gelten für das Zwischenzeugnis die gleichen Grundsätze wie für das endgültige Zeugnis. (Urteil des Landesarbeitsgerichts Düsseldorf vom 2.7.76 — 9 Sa 727/76).

Wenn Sie in einem befristeten Arbeitsverhältnis stehen, so können Sie eine angemessene Zeit vor Ablauf Ihres Arbeitsverhältnisses ein Zwischenzeugnis verlangen. Als angemessen werden normalerweise drei Monate vor Vertragsablauf angesehen. Ist Ihr Arbeitsverhältnis unbefristet, so haben Sie nur bei Ihrer Kündigung einen Rechtsanspruch auf ein Zwischenzeugnis.

Übrigens entbindet das Zwischenzeugnis Ihren Arbeitgeber nicht von der Pflicht, Ihnen bei Kündigung noch ein endgültiges Zeugnis auszustellen. Er kann allerdings in diesem Fall das Zwischenzeugnis zurückfordern.

Bei folgenden Gründen ist es allgemein üblich, ein Zwischenzeugnis zu verlangen:

❖ wenn Sie sich verändern wollen,

❖ wenn Sie Fortbildungskurse, Fach- oder Hochschulen besuchen wollen, bei denen die Vorlage eines Zeugnisses zur Zulassung erforderlich ist,

❖ wenn Sie im Unternehmen einen neuen Vorgesetzten erhalten sollen oder versetzt werden und

❖ wenn sich die Gesellschaftsform oder Ihre Gesellschaftsrechte ändern (bei Führungskräften).

☛ *Hinweis:* *Versuchen Sie nie, die Bitte um ein Zwischenzeugnis als Kündigungsdrohung zu mißbrauchen. Wenn Sie dann nämlich womöglich mehrmals erklären müssen, daß es mit Ihrem Wechsel nicht funktioniert hat, verlieren Sie Ihr Ansehen und werden unglaubwürdig.*

Gliederung des Zeugnisses

Ein klares Gliederungsschema zwingt den Aussteller nicht nur zur gedanklichen Gliederung, sondern hilft ihm auch, nichts zu übersehen. Außerdem liegt darin eine gute Formulierungshilfe zugrunde. Ein gut gegliedertes Zeugnis zusammen mit sprachlich aussagekräftigen Formulierungen stellt zudem eine Visitenkarte der Firma dar.

Im folgenden werden die Bestandteile eines qualifizierten Zeugnisses mit stichwortartigen Hinweisen aufgeführt; beim einfachen Zeugnis sind die Ziffern 6 und 7 wegzulassen.

1 Firmenbriefkopf
Name und Anschrift des Ausstellers

2 Überschrift
„Zeugnis" oder „Vorläufiges Zeugnis" oder „Zwischenzeugnis" oder „Ausbildungszeugnis"

3 Eingangsformel
Aufführung der Personalien, Gesamtdauer der Beschäftigung, Funktionen z.B.:„Frau Dr. Carola Meierbeer, geb.Rosen, geboren am 13.2. 1938 in Berlin, war vom... bis... bei uns, zuletzt als.......... beschäftigt."

4 Art der Beschäftigung
Tätigkeitsbeschreibung, bei mehreren Funktionen ist der jeweilige Zeit-

raum anzugeben. Ggf. Hinweis auf längere Unterbrechung (z.B. Wehrdienst).

5 Eventuell: Fortbildungsmaßnahmen
Wann, jeweils wie lange, bei welchem Fortbildungsträger

6 Leistungsbeurteilung
Arbeitsgüte, -tempo, -ökonomie und -bereitschaft, Fachkenntnisse, Ausdrucksvermögen, Verhandlungsgeschick

7 Führung im Dienst
Verantwortungsbereitschaft, Sozialverhalten, Beachtung von Vorschriften, Führungsverhalten (Führung von Mitarbeitern, wirtschaftliches Handeln)

8 Austritt aus der Firma

9 eventuell: Gründe für das Ausscheiden
Wenn der Arbeitnehmer diese Angabe wünscht bzw. bei betriebsbedingter Kündigung

10 Schlußformel
Bedauern über Ausscheiden, Dank für geleistete Arbeit, Wünsche für die Zukunft

11 Ort, Datum, Unterschrift

Zeugnissprache

Jeder, der die Aufgabe hat, qualifizierte Arbeitszeugnisse zu schreiben, kennt die Not des Formulierens, um jedem Zeugnis ein individuelles Gesicht zu geben. Die Versuchung, auf Standardsätze zurückzugreifen, ist sehr groß. Vielfach wird bei der Formulierung der Detailbeurteilung in der Praxis auf Beurteilungsbögen zurückgegriffen. Dabei handelt es sich um Bögen, in denen die Beurteilung im wesentlichen durch Ankreuzen von Kästchen mit vorformulierten Aussagen erfolgt. Die jeweils angekreuzte Aussage wird dann in den Text des Arbeitszeugnisses übernommen.

Eine solche Methode erleichtert verständlicherweise die Arbeit in einer Personalabteilung erheblich. Allerdings kommt es — gewollt oder ungewollt — dann auch zu einem System von versteckten Informationen. So hat sich im Arbeitsleben im Laufe der Zeit ein bestimmter Sprachgebrauch herausgebildet, der durch Veröffentlichungen aller Art und auf entsprechenden Tagungen verbreitet worden ist und auch noch heute verbreitet wird. Es handelt sich hier keineswegs um geheime Absprachen unter Arbeitgebern, vielmehr um Formulierungshilfen, die allerdings oft wohlwollender klingen, als sie gemeint sind.

Der Arbeitgeber, der diese Zeugnissprache kennt, vermag durchaus durch ganz bestimmte Redewendungen dem anderen Arbeitgeber Signale zu geben, sofern dieser zwischen den Zeilen lesen kann. Auch im Weglassen bestimmter Angaben kann ein „beredtes" Schweigen liegen.

Um nun beim Unkundigen Fehlinterpretationen zu vermeiden und auch um dazu beizutragen, die Zeugnissprache vom Odium des Geheimcodes zu befreien, werden nachfolgend wesentliche Ausdrucksformen dieser Sprache in Beispielen wiedergegeben. Zu wünschen ist, daß die Aussagen in Zeugnissen offener und ehrlicher werden und daß auf diese unfairen Signale verzichtet wird.

Typische Beispiele

Arbeitsleistung

„Herr XYZ hat seine Aufgaben stets zu unserer vollsten Zufriedenheit ausgeführt."

Abgesehen davon, daß man das Wort „voll" gar nicht steigern kann, wird mit diesem Satz gesagt, daß an den Leistungen nicht nur nichts auszusetzen ist, sondern daß Sie auch ein ausgezeichneter, vorbildlicher Mitarbeiter sind. Diese Formulierung drückt somit das höchste Lob aus, das Sie ernten können.

„Herr XYZ hat alle vorgenannten Tätigkeiten zu unserer vollen „Zufriedenheit" ausgeführt."

Lesen Sie genau: Viele Menschen meinen, „voll" sei nicht so gut wie „vollst". Lassen Sie sich dennoch keine grauen Haare wachsen. Vielleicht weiß der Schreiber, daß „voll" nicht zu steigern ist. Viele Firmen schreiben daher auch nur „voll" als höchste Steigerung. Vielleicht sollten Sie aber auch wirklich nur die Beurteilung „gut" erhalten? Den genauen Unterschied festzustellen, das überlassen Sie durch Ihre Leistungen am besten dem neuen Arbeitgeber.

„Herr XYZ hat seine Aufgaben zu unserer Zufriedenheit ausgeführt."

Das ist schon weniger. Der Superlativ fehlt ganz. In der Schule hätten Sie vielleicht ein „befriedigend" erhalten. Ist jemand „nur" zufrieden, dann kennzeichnet er damit durchschnittliche Leistungen ohne schwerwiegende Fehler, aber eben nichts besonderes.

„Herr XYZ hat sich ständig bemüht, die ihm gestellten Aufgaben zu unserer Zufriedenheit zu erledigen."

oder

„Frau XYZ hatte Gelegenheit, die ihr gestellten Aufgaben zu unserer Zufriedenheit zu erledigen."

Diese Formulierungen stellen eine herbe Rüge dar, wie sie mit positiven Worten ausgedrückt kaum schlimmer sein könnte. Jeder muß daraus entnehmen, daß Sie sich zwar angestrengt haben, es Ihnen aber „ständig" nicht gelungen ist, — also nie —, die an Sie gestellten Aufgaben zu erfüllen.

Aussagen über Führung

„Herr XYZ hat stets kritisch in positiver Weise mitgedacht."

Diese Formulierung ist an sich nicht negativ. Sie kann aber so verstanden werden: „Kritisch positiv" bedeutet „konstruktiv". Versuchen Sie dieses Wort anstelle der anderen Formulierung durchzusetzen. Sie werden dann wissen, ob „kritisch positiv" negativ gemeint war, und Sie auf diese Weise als streitsüchtiger Besserwisser gekennzeichnet werden sollten.

„Herr XYZ verfügt über ein gesundes Selbstvertrauen."

Im ersten Augenblick findet man diese Formulierung vielleicht sogar selbst gut. Bis das Zeugnis an jemanden gerät, der das ganz anders verteht. Für ihn sagt dann das „gesunde Selbstvertrauen" ein übersteigertes Selbstbewußtsein aus. Schon die Tatsache, daß in einem Zeugnis das Selbstbewußtsein angesprochen wird, obwohl es nicht zu den berufstypischen Charakterzügen gehört, muß mißtrauisch machen.

„Herr XYZ zeigte für seine Beschäftigung viel Verständnis und war bei seinen Kollegen sehr beliebt."

Solche Formulierung ist geradezu laufbahnschädigend. Sagt sie doch im Klartext nichts anderes als: trinkfest und arbeitsscheu.

„Besonders zu Vorgesetzten hatte Herr XYZ ein gutes Verhältnis. Sein Verhalten störte nie das Klima der Abteilung, Spannungen gab es nicht."

Dieser Satz legt nahe, zu denken, daß es sich bei diesem Kandidaten um einen typischen Ja-Sager handelt. Nachgiebig, anpassungsfähig, ein Mitläufer ohne Profil.

Aussagen über den Kündigungsgrund

„Frau XYZ scheidet auf eigenen Wunsch aus.“

Dieser Satz ist immerhin besser als gar keine Aussage oder nur eine unscharfe Formulierung. Er sagt aus, daß Sie der Firma und nicht die Firma Ihnen gekündigt hat. Mehr ist allerdings diesem Satz nicht zu entnehmen. Deswegen achten Personalleute besonders darauf, ob und wie sehr die Firma es bedauert, Sie zu verlieren. Auch daraus läßt sich Ihr Wert als Mitarbeiter/in für die Firma erkennen.

Hat man Ihnen gekündigt, dann steht meist am Ende des Zeugnisses ein Satz wie:

„Herr XYZ scheidet in gegenseitigem Einvernehmen aus dem Arbeitsverhältnis aus.“

Auch das ist ungünstig; geschulte Zeugnisleser wissen dann sofort, daß man Sie so auf mehr oder weniger elegante Weise loswerden wollte, weil man mit Ihnen nicht zufrieden war.

Nicht-verbale Kennzeichen

Mit nicht-verbalen Kennzeichen werden beispielsweise Informationen über die Mitgliedschaft in einer Gewerkschaft oder Partei weitergegeben:

1 Ein senkrechter Strich mit Kugelschreiber oder Füller, links stehend von der Unterschrift, der aussieht wie ein Ausrutscher bedeutet: Mitglied einer Gewerkschaft.

2 Ein sogenannter Ausrutscher, allerdings nur ein Häkchen, nach rechts bedeutet: Mitglied einer rechtsstehenden Partei.

3 Ein Häkchen nach links signalisiert die entsprechende Parteienrichtung.

4 Ein Doppelausrutscher, Doppelhäkchen nach links, bedeutet: Mitglied einer linksgerichteten, verfassungsfeindlichen Organisation.

Nach den gesetzlichen Vorschriften ist es nicht erlaubt, Zeugnisse mit verborgenen Merkmalen zu versehen, um so nicht im Wortlaut enthaltene Informationen weiterzugeben. Deshalb hat der Arbeitnehmer das Recht, so gekennzeichnete Zeugnisse abzulehnen und eine Neuanfertigung zu verlangen.

Ein schlechtes Zeugnis

Was ist zu tun, wenn man mit seinem Arbeitszeugnis nicht zufrieden ist?

Entspricht das Zeugnis nach Form und Inhalt nicht den gesetzlichen Vorschriften, muß der Arbeitgeber auf Verlangen des Arbeitnehmers ein neues, berichtigtes Zeugnis ausstellen. Deshalb ist es zu empfehlen, Form und Inhalt unmittelbar nach Erhalt des Zeugnisses kritisch zu überprüfen und gegebenenfalls eine Berichtigung zu verlangen. Wird allerdings die Berichtigung nicht innerhalb einer angemessenen Zeit verlangt (allgemein 5 Monate), verfällt der Anspruch.

Kann das Arbeitszeugnis nicht mehr berichtigt werden, steht der Arbeitnehmer bei einer Bewerbung vor der Frage: Soll ich das Zeugnis trotz der schlechten Beurteilung mitschicken oder soll ich es lieber unter Angabe eines guten Grundes zurückhalten?

Grundsätzlich gilt auch hier die Verpflichtung der Vollständigkeit. Die Aufmerksamkeit des Empfängers wird ja auch geradezu auf die Lücke hingelenkt. Und fehlende Unterlagen erwecken immer automatisch das besondere Interesse, sie machen neugierig. Im Personalwesen wird im Zweifelsfall immer beim Fehlen eines Zeugnisses davon ausgegangen, daß die Beurteilung schlecht ist und deshalb vorenthalten wird.

Für eine Bewerbung wird es also immer besser sein, wenn ein schlechtes Zeugnis nicht zurückgehalten wird. Besonders dann nicht, wenn es schon etwas älter ist und bessere Zeugnisse aus jüngerer Vergangenheit vorliegen. Für den Fall, daß die letzten beiden Zeugnisse z.B. sehr gut sind, wird man ein älteres, schlechtes Zeungis auf keinen Fall überbewerten.

Praktische Arbeitsschritte

Übung 28

Checkliste

Mit dem folgenden Fragenkatalog läßt sich ein Zeugnis auswerten.

Die Fragen 1 — 6 befassen sich mit dem formellen Rahmen, die Fragen 7 — 15 richten das Augenmerk auf die Angaben über Art und Inhalt der geleisteten Arbeit; Fragen 16 — 34 nehmen die Angaben über Leistung und Führung ins Visier und die Fragen 35 — 38 beschäftigen sich mit dem Ausscheidungsgrund.

1 Trägt das Zeugnis den Firmenstempel?

2 Ist das Zeugnis von jemandem, der die Firma nach außen vertreten darf, unterschrieben worden?

3 Enthält das Zeugnis den Vornamen, den Familiennamen und das Geburtsdatum?

4 Wird die Dauer Ihres Arbeitsverhältnisses korrekt angegeben?

5 Sind nachträgliche Radierungen, Verbesserungen oder Einschaltungen vorgenommen worden?

6 Gibt es im Zeugnis Geheimzeichen oder andere Kennzeichen, die sie nicht deuten können?

7 Gehen Art und Inhalt Ihrer Tätigkeit aus dem Zeugnis hervor?

8 Ist das Zeugnis eindeutig und klar formuliert?

9 Können einige Formulierungen mißverstanden werden?

10 Können einige Formulierungen zweideutig aufgefaßt werden?

11 Sind alle Angaben wahr?

12 Können sich Dritte aufgrund der Zeugnisangaben ein klares Bild von Ihrer Tätigkeit machen?

13 Ist Ihre Zugehörigkeit zum Betriebsrat oder die Mitgliedschaft in einer Partei unerwähnt geblieben?

14 Werden qualifizierte, selbständige Tätigkeiten, die Sie als Mitarbeiter aufwerten, hervorgehoben?

15 Wird nichts ausgelassen, was für Ihre Tätigkeit wichtig ist?

16 Enthält das Zeugnis Ausrufungszeichen?

17 Ist aus dem Zeugnis insgesamt ein verständiges Wohlwollen Ihnen gegenüber zu erkennen?

18 Bleiben weiter zurückliegende Vorfälle, die für Sie nicht charakteristisch sind, unerwähnt?

19 Gibt es auch keine Anspielungen darauf?

20 Wie wird Ihre Leistung beurteilt?

21 In komplizierten, unübersichtlichen Sätzen?

22 In Superlativen?

23 Was ist weggelassen worden?

24 Wird die Beurteilung insgesamt auf alle Leistungen bezogen oder nur abschnittweise differenziert auf bestimmte Tätigkeiten?

25 Werden Eigenschaften oder Tätigkeiten besonders betont?

26 Welche?

27 Sind für Ihren Beruf wichtige Charakteristika weggelassen worden?

28 Werden Eigenschaften und Tätigkeiten betont, die für Ihre Tätigkeit weniger wichtig sind?

29 Werden Angaben über Ihr außerdienstliches Verhalten gemacht?

30 Werden Angaben über Ihre Führung gemacht?

31 Wie?

32 Werden für Ihren Beruf wichtige Charaktereigenschaften bestätigt?

33 Werden für Ihren Beruf weniger wichtige Charaktereigenschaften erwähnt?

34 Werden weniger wichtige Charaktereigenschaften stärker betont als die wichtigen?

35 Steht im Zeugnis, daß Sie auf eigenen Wunsch gekündigt haben?

36 Wie sehr bedauert das Unternehmen Ihr Ausscheiden?

37 Wurde der Kündigungsgrund angegeben, obwohl Sie das gar nicht wollten?

38 Steht im Zusammenhang mit Ihrer Kündigung etwas von „organisatorischen Gründen“ oder „gegenseitigem Einvernehmen“ oder ähnlichem?

Übung 29

Vorformulieren

Eine neue Zeugnisform

Seit einigen Jahren haben sich in immer mehr Unternehmen Beurteilungsbögen bewährt, auf die in der Detailbeurteilung in Arbeitszeugnissen zurückgegriffen wird. In derart konzipierten Arbeitszeugnissen findet man keine zusammenhängenden Sätze mehr, sondern nur Beurteilungs-Bausteine. Aber gerade das ist sehr hilfreich, um Standardfloskeln (vor allem solche mit negativem Beigeschmack) zu vermeiden.

Außerdem werden Arbeitnehmer häufig aufgefordert, den Text ihres Arbeitzeugnisses vorzuformulieren. Und jeder, der dieses Angebot einmal bekommen hat und sich daransetzte, sein eigenes Zeugnis zu schreiben, weiß, wie brisant dieses Angebot ist.

☛ *Hinweis:* *Die Stellenbeschreibung des Arbeitsplatzes ist, falls vorhanden, eine hervorragende Informationsquelle für das, was unbedingt im Zeugnis erwähnt werden muß. Wem die folgenden Satzteile zu kurz gefaßt sind, der kann sie mit weiteren Aussagen anreichern.*

1. Beurteilung der Leistung

Arbeitsgüte
arbeitet äußerst gründlich und genau, zuverlässig und fehlerfrei
arbeitet gründlich und genau, übersieht nichts Wesentliches
arbeitet gewissenhaft, ordentlich und im allgemeinen zufriedenstellend
arbeitet nicht immer genau genug

Arbeitstempo
arbeitet außergewöhnlich schnell und zügig
arbeitet zügig
arbeitet beständig, erledigt Arbeiten im allgemeinen ohne Zeitverlust
arbeitet langsam
arbeitet sehr langsam

Arbeitsökonomie
arbeitet sehr zielstrebig und rational, organisatorisch geschickt
arbeitet umsichtig und zweckmäßig, übersieht nichts Wesentliches
arbeitet im allgemeinen planvoll, hat zufriedenstellenden Überblick
arbeitet schematisch, hat ausreichenden Überblick nur bei Routineaufgaben
braucht ständig Anleitung und Überwachung

Fachkenntnise
umfassende, vielseitige Kenntnisse
gründliche Fachkenntnisse
durchschnittliche Fachkenntnisse
lückenhafte Fachkenntnisse
unzureichende Fachkenntnisse

Arbeitsbereitschaft
überdurchschnittlich aktiv, ergreift selbständig Maßnahmen
ausgesprochen einsatzbereit, handelt auch ohne äußeren Anstoß
arbeitet mit Interesse, entwickelt durchschnittliche Initiative
tut nur das Notwendige, braucht öfters äußeren Anstoß

Ausdrucksvermögen
formuliert klar, treffend und überzeugend
drückt sich im allgemeinen klar und gewandt aus
formuliert wenig prägnant
im Ausdruck umständlich und unbeholfen

Verhandlungsgeschick
versierter und überzeugender Verhandlungspartner
gewandter Verhandlungspartner
im allgemeinen geschickt im Verhandeln
wenig Verhandlungsgeschick

2. Führungsbeurteilung

Verantwortungsbereitschaft
sehr verantwortungsfreudig und -bewußt
verantwortungsbereit
wenig verantwortungsbereit
scheut „Verantwortung“

Verhalten gegenüber Vorgesetzten
stets korrekt, loyal
gibt keinen Anlaß zu Beanstandungen
ist gelegentlich schwierig
gibt des öfteren Anlaß zu Beanstandungen
Verhalten gegenüber Gleichgeordneten
legt auf gute Zusammenarbeit besonderen Wert
arbeitet gut mit anderen zusammen
fügt sich im allgemeinen ein, ist kontaktbereit
arbeitet lieber für sich, ist kontaktarm
ordnet sich nicht ein, ist unverträglich

Verhalten gegenüber dem Publikum
sehr sicher und zuvorkommend
sicher und taktvoll
im allgemeinen korrekt
etwas kühl und unpersönlich/ ist zu wenig distanziert

Beachtung von Vorschriften
vorbildliche Beachtung der Vorschriften, hält auch andere hierzu an, macht Verbesserungsvorschläge
beachtet die Vorschriften zuverlässig, hält auch ander hierzu an
ordnungsgemäße Beachtung der Vorschriften
in der Regel ordnungsgemäße Beachtung der Vorschriften, gelegentliche Ermahnungen nötig
keine ordnungsgemäße Beachtung der Vorschriften, dauernde Ermahnungen nötig

Führung der Mitarbeiter
versteht, Mitarbeiter zu überzeugen, setzt sich vorbildlich durch,
er wird voll anerkannt, delegiert Aufgaben und Verantwortung
überzeugt Mitarbeiter, setzt sich durch
ihm gelingt oft, Mitarbeiter zu überzeugen, setzt sich durch
delegiert oft Aufgaben, aber selten Verantwortung
überzeugt Mitarbeiter nicht immer

Übung 30

Kritische Analyse von Beispielen

In diesem Praxisschritt sind fünf „moderne“ Zeugnisse formuliert:

Das Beispiel 3 ist ein gutes Zeugnis für einen Industriekaufmann. Im Beispiel 4 befinden sich Vorbehalte hinsichtlich des Sozialverhaltens und Beispiel 5 enthält Vorbehalte in Bezug auf Leistung und Führung.

Beispiel 1

Zeugnis

Empfänger(in):	Frau Irma K l e i n, geborene Maier, geb. am 17.3.1944 in Berlin
Eintritt:	Am 1.4.1971 als technische Zeichnerin in der Konstruktionsabteilung für Wecker und Uhren.
Weitere Tätigkeiten:	Ab 1.4.1972 Teile-Konstrukteurin, ab 1.7.1973 Konstrukteurin für Uhrenfedern. Zum 1.1.1975 wurde Frau Klein mit der fachlichen Betreuung der Auszubildenden als technische Zeichnerin beauftragt.

Beendigung des Arbeitsverhältnisses: 31.12.1987

Wir danken Frau Klein für die geleistete Arbeit und wünschen ihr für die Zukunft alles Gute; wir bedauern ihr Ausscheiden, haben aber Verständnis dafür, weil Frau Klein sich ganz ihrer Familie widmen möchte. Wir hoffen, sie in absehbarer Zeit wieder als Mitarbeiterin, vielleicht in Teilzeitbeschäftigung, gewinnen zu können, wenn es ihre Familienverhältnisse erlauben.

Wunschgemäß bescheinigen wir folgendes:

I. Leistungsbeurteilung:

1. Arbeitsgüte:	Sie arbeitet äußerst gründlich, genau, zuverlässig und fehlerfrei.
2. Arbeitstempo:	Sie arbeitet außergewöhnlich schnell und zügig.
3. Arbeitsökonomie:	Sie hat organisatorisches Geschick und arbeitet sehr zielstrebig und rational.
4. Fachkenntnisse:	Umfassende, vielseitige Fachkenntnisse; gediegene Kenntnisse in der Technik, vor allem in der Feinmechanik.
5. Arbeitsbereitschaft:	Ausgesprochen einsatzbereit und handelt auch ohne äußeren Anstoß.
6. Ausdrucksvermögen:	Formuliert klar, treffend und überzeugend.

II. Führungsbeurteilung:

1. Verantwortungsbereitschaft:	Sehr verantwortungsfreudig und verantwortungsbewußt.
2. Verhalten gegenüber Vorgesetzten:	Stets korrekt und loyal. Bei den leitenden Angestellten des technischen Bereichs gab es indessen gewisse Schwierigkeiten, da sie ihren fachlichen Standpunkt zu vertreten wußte.Doch resignierte sie nicht, wenn sie den Eindruck hatte, daß die Gleichberechtigung der Frau bei älteren Führungskräften noch nicht anerkannt wurde.
3. Verhalten gegenüber Gleichgeordneten:	Legt auf gute Zusammenarbeit besonderen Wert. Sie hat ein ausgezeichnetes Verhältnis auch zu allen Mitarbeitern. Frau Klein ist ebenso klug wie bescheiden; für sich selbst hatte sie nie Forderungen gestellt, um so eifriger setzte sie sich für andere ein.
4. Führungsverhalten:	Versteht es, Mitarbeiter und die Auszubildenden zu überzeugen, setzt sich vorbildlich durch, sie wird voll anerkannt. Dank ihrer reichen Erfahrung und fachlichen Qualifikation, verbunden mit einem hohen Grad an Gerechtigkeitssinn sowie pädagogischem Geschick, ist sie für die jüngere Generation eine ideale Vorgesetzte.

Karlsruhe, den 5.1.1988

(Unterschrift)

Beispiel 2

Zeugnis

Empfänger(in):	Herr Dr.rer.nat. Klaus Maier, geb. am 13.2.1950 in Karlsruhe
Eintritt:	1.10.1978 als Leiter der Gruppe Verfahrensplanung im Rahmen des Vertriebsbereiches „Mittlere Datentechnik".
WeitereTätigkeiten:	....
Beendigung des Arbeitsverhältnisses:	30.3.1988 aufgrund Aufhebungsvertrages vom 1.3.d.J.

Wir danken für die geleistete Arbeit und bedauern sein Ausscheiden. Herr Dr. Maier will sich als Informatiker selbständig machen. Wir wünschen ihm für die berufliche Zukunft alles Gute.

Wunschgemäß bescheinigen wir folgendes:

I. Leistungsbeurteilung:

1. Arbeitsgüte:
Arbeitet äußerst gründlich, genau, zuverlässig und fehlerfrei.

2. Arbeitstempo:
Außergewöhnlich schnell und zügig.

3. Arbeitsökonomie:
Sehr zielstrebig und rational, organisatorisch geschickt.

4. Fachkenntnisse:
Umfassende, vielseitige Fachkenntnisse. Herr Dr. Maier ist ein hochqualifizierter Informatiker und Kenner der Programmprobleme in der Computerbranche.

5. Arbeitsbereitschaft:
Überdurchschnittlich aktiv, ergreift selbständig Maßnahme.

6. Ausdrucksvermögen:
Formuliert klar, treffend und überzeugend.

7. Verhandlungsgeschick:
Versierter und überzeugender Verhandlungspartner.

II. Führungsbeurteilung:

1. Verantwortungsbereitschaft:
Sehr verantwortungsfreudig und verantwortungsbewußt.

2. Verhalten gegenüber Gleichgeordneten:
Legt auf Teamarbeit besonderen Wert.

3. Führung der Mitarbeiter:
Versteht Mitarbeiter zu überzeugen, setzt sich vorbildlich durch, er wird voll anerkannt. Delegiert Aufgaben und Verantwortung.

4.Wirtschaftliches Handeln:
Denkt und arbeitet sehr kostenbewußt und wirtschaftlich.

Karlsruhe, den 30.3.1988

(Unterschrift)

Beispiel 3

Zeugnis

Empfänger(in):	Industriekaufmann Albert Müller, geb. am 3.1.1940 in Koblenz
Eintritt:	1.4.1975 als Sachbearbeiter in der Organisationsabteilung, Sachgebiet Rationalisierung.
Weitere Tätigkeiten:	Am 1.7.1976 Beförderung und Versetzung zur Personalabteilung als Abteilungsleiter für analytische Arbeitsplatzbewertung für Arbeiter und Angestellte.

Beendigung des Arbeitsverhältnisses: 30.3.1988

Herr Müller scheidet aufgrund eigener fristgerechter Kündigung aus, um in einem anderen Unternehmen eine höherqualifizierte Tätigkeit zu übernehmen. Wir bedauern sein Ausscheiden, danken für die geleistete Arbeit und wünschen ihm beruflich für die Zukunft alles Gute.

Wunschgemäß bescheinigen wir folgendes:

I. Leistungsbeurteilung:

1. Arbeitsgüte: Er arbeitet gründlich, genau und übersieht nichts Wesentliches.

2. Arbeitstempo: Arbeitet zügig.

3. Arbeitsökonomie: Arbeitet umsichtig und zweckmäßig, übersieht nichts Wesentliches.

4. Fachkenntnisse: Umfassende, vielseitige Fachkenntnisse.

5. Arbeitsbereitschaft: Ausgesprochen einsatzbereit, handelt auch ohne äußeren Anstoß.

6. Ausdrucksvermögen: Formuliert klar, treffend und überzeugend.

II. Führungsbeurteilung:

1. Verantwortungsbereitschaft: Sehr verantwortungsbewußt und verantwortungsfreudig.

2. Verhalten gegenüber Vorgesetzten: Stets korrekt und loyal.

3. Verhalten gegenüber Gleichgeordneten: Legt auf gute Zusammenarbeit besonderen Wert.

4. Führungsverhalten: Versteht, Mitarbeiter zu überzeugen, setzt sich vorbildlich durch, er wird voll anerkannt, delegiert Aufgaben und Verantwortung.

Karlsruhe, den 30.3.1988

(Unterschrift)

Beispiel 4

Zeugnis

Empfänger(in):
Frl. Anita Kunze, geb. am 6.11.1960 in Bielefeld

Eintritt:
1.10.1981 als Programmiererin

Weitere Tätigkeiten:
Ab 1.1.1982 Sachbearbeiterin in der Exportabteilung für die Zielmärkte Banken.

Beendigung des Arbeitsverhältnisses:
31.3.1988

Wir danken für die geleisteten Dienste und wünschen ihr beruflich für die Zukunft alles Gute.

Wunschgemäß bescheinigen wir folgendes:

I. Leistungsbeurteilung:

1. Arbeitsgüte:

Sie arbeitet äußerst gründlich, genau, zuverlässig und fehlerfrei.

2. Arbeitstempo:

Außergewöhnlich schnell und zügig.

3. Arbeitsökonomie:

Arbeitet sehr zielstrebig und rational, sie hat organisatorisches Geschick.

4. Fachkenntnisse:

Umfassende, vielseitige Fachkenntnisse; Frl. Kunze hat eine besondere Begabung für mathematisch-technische Zusammenhänge bei der Erstellung der Software und Problemlösung im Bankengewerbe, wozu sie ihre Note im Reifezeugnis (Mathematik sehr gut, Physik gut) und ihre Ausbildung im EDV-Bereich befähigte.

5. Arbeitsbereitschaft:

Überdurchschnittlich aktiv, ergreift selbständig Maßnahmen.

II. F ü h r u n g b e u r t e i l u n g:

1. Verantwortungsbereitschaft:

Sehr verantwortungsfreudig und verantwortungsbewußt.

2. Verhalten gegenüber Vorgesetzten:

Stets korrekt und loyal.

3. Verhalten gegenüber Gleichgeordneten:

Sie arbeitet lieber für sich, ist kontaktarm. Das Verhältnis ist daher etwas kühl und reserviert.

Karlsruhe, den 31.3.1988

(Unterschrift)

Beispiel 5

Zeugnis

Empfänger(in):	Herr Klaus Mahler, geb. am 13.2.1948 in Saarbrücken
Eintritt:	Am 1.6.1986 als Verkäufer in unserem Autohaus
Weitere Tätigkeiten:	....
Beendigung des Arbeitsverhältnisses:	31.3.1988

Wir wünschen ihm für die Zukunft alles Gute.

Wunschgemäß bescheinigen wir folgendes:

I. Leistungsbeurteilung:

1. Arbeitsgüte:	Er arbeitet ordentlich und im allgemeinen zufriedenstellend.
2. Arbeitstempo:	Er erledigt Arbeiten ohne größeren Zeitverlust.
3. Arbeitsökonomie:	Im allgemeinen planvoll, er hat ausreichenden Überblick.
4. Fachkenntnisse:	Durchschnittliche Fachkenntnisse.
5. Arbeitsbereitschaft:	Er arbeitet mit Interesse, entwickelt durchschnittliche Initiative.
6. Ausdrucksvermögen:	Drückt sich klar und gewandt aus.
7. Verhandlungsgeschick:	Durchaus geschickt im Verhandeln.

II. Führungsbeurteilung:

1. Verhalten gegenüber Vorgesetzten:	Kein Anlaß zu Beanstandungen.

2. Verhalten gegenüber Gleichgeordneten:	Arbeitet lieber für sich allein, ist recht kontaktarm.
3. Verhalten gegenüber Publikum:	Korrekt und taktvoll.

Karlsruhe, den 31.3.1988

(Unterschrift)

10. Die Handschrift

Die Deutung der Handschrift eines Menschen ist neben der Handlesekunst eine der ältesten Methoden der Beurteilung. Der Wiener Ordinarius für Psychologie Hubert Rohracher hat 1975 geschrieben: „Es steht außer Zweifel, daß die Handschrift einen hohen Grad von persönlicher Eigenschaft aufweist; so hoch, daß sich sogar die Geldinstitute darauf verlassen und die Echtheit eines Schecks oder Wechsels nach der Unterschrift des Ausstellers beurteilen." (Rohracher,H., Charakterkunde)

Stellenwert der Graphologie

Die Einstellung der Fachpsychologie zur Graphologie ist allerdings bis heute sehr reserviert geblieben. Das liegt vor allem daran, daß es bis heute keinerlei exakte wissenschaftliche Beweise für die Verläßlichkeit der Graphologie gibt. Und die Richtigkeit graphologischer Gutachten wird sich wohl auch in Zukunft nur sehr schwer einwandfrei kontrollieren lassen.

Einer Untersuchung der Gesamthochschule Siegen zufolge, bei der 72 deutsche Großunternehmen befragt worden sind, haben ca. 85 % der zuständigen Personalleiter angegeben, daß sie von graphologischen Gutachten bei der Beurteilung der Persönlichkeit von Bewerbern keinen Gebrauch machen. In ähnlich ablehnender Weise haben sich auch amerikanische Personalleiter geäußert. Demnach sind also etwa 15% der Personalchefs von der Richtigkeit graphologischer Gutachten überzeugt.

Was ist Graphologie?

Die Graphologie ist eine Methode, um aus der individuellen Handschrift die Persönlichkeit des Schreibers zu erkennen. Zu diesem Zweck muß der Graphologe eine psychologische, charakterologische Ausbildung haben und außerdem Kenntnisse der einschlägigen Psychiatrie und Neurologie besitzen.

Die nun folgende Beschäftigung mit der Graphologie soll nicht der Anfang für ein Lehrbuch sein. Sie sollen nicht zum Graphologen ausgebildet werden! Vielmehr geht es um die Vermittlung einiger Grundkenntnisse, die für einen Bewerber sehr nützlich sein können, unabhängig davon, welche Bedeutung er einem graphologischen Gutachten beimißt. Man muß nämlich davon ausgehen, daß nicht nur Handschriftproben analysiert werden oder der handgeschriebene Lebenslauf, sondern auch die Unterschrift im Anschreiben oder unter dem tabellarischen Lebenslauf.

Die Verbindung und Gestaltung der Buchstaben

Man unterscheidet in der Graphologie vier verschiedene Bindungsformen: Arkade, Girlande, Winkel und Faden.

a. Arkade

Eine Arkade besteht aus bogenförmigen Wölbungen. Sie ist Anzeichen für Kontaktmangel, Verschlossenheit und Zurückhaltung. Wer Arkaden schreibt, gibt nur ungern sein wahres Innenleben preis und ist nur „schwer aus der Reserve zu locken".

b. Girlande

Die Girlandenschrift drückt eher Aufgeschlossenheit und Offenheit aus. Dem Girlandenschreiber werden Eigenschaften zugeordnet wie: Weichheit und Freundlichkeit, Wohlwollen und Bereitwilligkeit. Je nach den sonstigen Schriftsymptomen deuten Girlanden aber auch auf negative Dinge hin: Nachgiebigkeit, Unselbständigkeit und Beeinflußbarkeit.

c. Winkel

Festigkeit, Entschlossenheit und Durchsetzungsvermögen sind Eigenschaften, die bei Winkelschreibern sehr ausgeprägt sind. Außerdem sind Winkel Hinweis für einen starken Willen. Ins Negative hinein können sie auch Härte, Verbohrtheit und Ungeduld andeuten.

d. Faden

Vor allem die Buchstaben m und n sind bei Fadenschriften in ihrer Form aufgelöst. Hier hat man die Menschen zu suchen, die möglichst leicht und ohne große Anstrengung an ihr Ziel kommen wollen. Sehr oft verhalten sich Fadenschreiber auch ausweichend und diplomatisch; je nach den anderen Symptomen deuten die Fäden in einer Schrift auch auf Verschlagenheit hin.

Die drei Zonen der Schrift

a. Oberlängen

Betont hohe Oberlängen verraten intellektuelle Interessen, Begeisterungsfähigkeit, aber auch Oberflächlichkeit. Bei eher verkümmerten Oberlängen liegt entsprechend das Gegenteil vor.

b. Unterlängen

In der Ausprägung der Unterlängen einer Handschrift läßt sich die Ausprägung der Triebe ablesen. Sie lassen darauf schließen, wie ausgeprägt die materiellen und praktischen Interessen des Schreibers sind. Je betonter die Unterlängen sind, um so beharrlicher, schwerfälliger und zäher kann der Schreiber sein. Sind die Unterlängen verkümmert, dann ist eher ein Mensch mit mangelndem Durchsetzungsvermögen und innerer Zurückhaltung zu vermuten. Auch als Hinweis auf fehlende Reservekräfte werden sie gedeutet.

c. Mittelzone

Die Größe der Schrift läßt auf die Größe und Stärke des Selbstwertgefühls schließen. Einerseits lassen sich in diesem Bereich einer Handschrift Stolz, Tatendrang, Unternehmungslust und Freiheitsdrang des Schreibers vermuten, andererseits können auch Hinweise auf Hochmut, Aufgeblasenheit und Ich-Sucht gefunden werden.

Entsprechend ist beim Kleinschreiber ein meistens geringes Selbstwertgefühl und mangelnde Selbstkritik vorhanden. Man vermutet einen typischen Zweifler. Handelt es sich aber um eine gut gestaltete Schrift, können auch Sinn für die Realitäten, Pflichtgefühl und eine gute Beobachtungsgabe zu den positiven Eigenschaften des Schreibenden gehören.

Die Endungen der Worte

a. Rechtsläufigkeit

Eine rechtsläufige Schrift verstärkt die Einschätzung von Aufgeschlossenheit und Tätigkeitsdrang. Übertriebene Rechtsläufigkeit deutet auf einen Hang zum Verschwenderischen hin.

b. Linksläufigkeit

Mehr auf sich selbst bezogene Menschen haben eher eine linksläufige Schrift. Diese Art des Schreibens deutet ein starkes Bedürfnis nach Selbstbehauptung an und ist zusätzlicher Hinweis für eine egoistische Persönlichkeit.

Die Neigung der Buchstaben

a. Die linksschräge Schrift

Die linksschräge Schrift wird überwiegend negativ gedeutet. Sie zeigt Zurückhaltung und Ablehnung an, deutet auf Selbstbezogenheit hin und übertriebene Selbstbeherrschung.

b. Steile Schrift

Steile Schriften werden mit folgenden Eigenschaften in Verbindung gebracht: Selbstbeherrschung, Zurückhaltung, geringes Temperament, Nüchternheit und Besonnenheit, Kälte oder Teilnahmslosigkeit.

c. Rechtsschräge Schrift

Die rechtschräge Neigung von Buchstaben verrät Zuneigung und Interesse an der Umwelt und den Mitmenschen. So schreiben oft gefühlswarme, ungezwungene, aufgeschlossene und kontaktfähige Menschen.

Der Abstand der Buchstaben

a. Weite Schrift

Graphologen bezeichnen eine Schrift als weit, wenn die Abstände zwischen den Grundstrichen der einzelnen Buchstaben größer sind als die Höhe der Kleinbuchstaben. Man findet in dieser Schriftart Hinweise auf Aktivität und Eifer, Unternehmungslust, aber auch Ungeduld.

b. Enge Schrift

Eine besonders enge Schrift läßt, wenn andere Symptome dies verstärken, einen Rückschluß auf Berechnung und Selbstbeherrschtheit zu, aber ist oft auch Anzeichen für Zurückhaltung oder Egoismus.

Die Verbundenheit der Schrift

Nach Auffassung von Graphologen liegt Verbundenheit vor, wenn ein Wort, das fünf Buchstaben hat, in einem Zug durchgeschrieben wird.

Dabei kann eine verbundene Schrift der Ausdruck für logisches Denkvermögen und eine gute Auffassungsgabe sein. Bei demjenigen, der innerhalb der Worte absetzt, der also unverbunden schreibt, vermutet man eher intuitives als strenges logisches Denken.

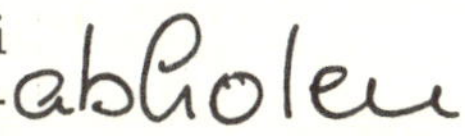

Die Regelmäßigkeit der Schrift

In der Interpretation der regelmäßigen Schrift findet man eine der gesichertsten Erkenntnisse in der Graphologie. Eine sehr regelmäßige Schrift haben demnach Menschen, bei denen Wille und Verstand über den Trieben und Affekten stehen. Beim unregelmäßig Schreibenden wird entsprechend das Gegenteil behauptet.

Die volle, magere und teigige Schrift

Eine volle Schrift verrät reiche Phantasie. Sie ist Hinweis auf einen schöpferischen, heiteren und humorvollen Menschen. Je nach den anderen Eigenschaften einer Schrift findet man in einer vollen Schrift auch den Hinweis auf ein ausgeprägtes Vorstellungsvermögen.

Einer eher mageren Schrift ordnet man nüchternen Verstandesmenschen zu, die in erster Linie zu abstraktem Denken neigen.

Dagegen ist in der teigigen die Strichführung zerflossen und unscharf. Nach der Meinung vieler Graphologen liegt darin ein Hinweis auf Sinnlichkeit.

Das möge als kleine Einführung in die Graphologie genügen. Natürlich gibt es noch viele andere Beurteilungskriterien wie Randaufteilung im Text, Druck, Zeilenverlauf und die Größe der Anfangsbuchstaben, die in der Analyse eine sehr wichtige Rolle spielen.

Aussagewert graphologischer Gutachten

Welchen Aussagewert haben graphologische Gutachten und wie treffsicher sind die Untersuchungsergebnisse?

Um diese Frage zu beantworten, muß zwischen der Handschriftanalyse und einem Gutachten unterschieden werden. Während die eigentliche Handschriftanalyse frei von subjektiven Wertungen des Graphologen und objektiv durch Dritte überprüfbar ist, enthält ein Gutachten immer subjektive Komponenten:

Das Gutachten ist die subjektive Interpretation des Gutachters. Es ist also durchaus möglich, daß zwei Gutachter dasselbe Analyseergebnis unterschiedlich interpretieren.

Um die Merkmale einer Handschrift einigermaßen sicher deuten zu können, braucht jeder Graphologe neben der Schriftprobe zusätzliche Informationen über den Schreiber. Hierzu gehören zumindest Angaben über Alter und Geschlecht, den Gesundheitszustand, die Schulbildung, die Berufsausbildung, die berufliche Tätigkeit und den Zweck des Gutachtens.

Insgesamt sind graphologische Gutachten deshalb nur mit großer Vorsicht zu genießen, weil die Fehlerquellen viel zu zahlreich sind. Zu diesen Fehlerquellen gehören unter anderem auch noch: Verschätzungen bei der Beurteilung von Schreibschnelligkeit, Druck und Zügigkeit, persönliche Vorurteile, Schwierigkeiten bei der Formulierung eines Gutachtens.

Wissenschaftliche Untersuchungen haben zwar gezeigt, daß gewisse Merkmale der Handschrift in Beziehung zu bestimmten psychischen Merkmalen stehen. Die Analyse dieser Beziehungen ist aber noch mit viel zu vielen Unsicherheiten belastet. Die Begutachtung der Persönlichkeit allein aus der Handschrift ist jedenfalls nicht zu rechtfertigen.

Rechtliche Fragen

In einem Urteil des Arbeitsgerichtes München von 1975 sind einige Leitsätze zur juristischen Problematik von graphologischen Gutachten aufgestellt worden. In dem damaligen Verfahren stand die Frage im Vordergrund, ob das Einholen eines graphologischen Gutachtens eine Verletzung der Persönlichkeitsrechte des Bewerbers darstellt.

Das Gericht vertrat grundsätzlich die Auffassung, daß eine Einwilligung des Bewerbers erforderlich sei. Diese Einwilligung erteile er mit der Übersendung einer Schriftprobe, eines handgeschriebenen Lebenslaufs usw. Damit gilt die Einwilligung des Bewerbers als erteilt.

Dem Urteil war weiterhin zu entnehmen, daß für den Arbeitgeber auch das äußere Erscheinungsbild des Bewerbers von Belang sei und somit auch das Schriftbild. Allerdings habe sich das Schriftgutachten auf das in Aussicht stehende Arbeitsverhältnis zu beziehen.

Wird ein Bewerber eingestellt, muß das Gutachten streng vertraulich behandelt werden und darf deshalb auch nicht offen in der Personalakte liegen.

Zu erfahren, ob ein entsprechendes Gutachten eingeholt worden ist, ist das gute Recht des Bewerbers, aber einen Anspruch auf Herausgabe des Gutachtens gibt es nicht. Auch Umfang und Inhalt brauchen nicht mitgeteilt zu werden.

Allerdings kann man bei negativem Verlauf der Bewerbung die Vernichtung verlangen. Dieses Recht, muß man allerdings einschränkend erwähnen, ist mehr theoretischen Charakters, da es kaum eine Kontrollmöglichkeit gibt.

Auch nach dem Betriebsverfassungsgesetz gehören graphologische Gutachten nicht zu den vorlagepflichtigen Bewerbungsunterlagen. Dem Betriebsrat kann das Ergebnis mitgeteilt werden; in jedem Fall aber ist er zu vertraulicher Behandlung und zum Stillschweigen verpflichtet.

Anfertigung einer Schriftprobe

Wird ausdrücklich in der Stellenanzeige eine Handschriftprobe velangt, hat der Bewerber keine Wahl. Was muß man bei der Anfertigung einer solchen Schriftprobe beachten?

Schreiben Sie am besten so, wie Sie es auch sonst tun. Erhöhen Sie nicht absichtlich oder unabsichtlich die Fehlerquellen. Zu meinen eine schöne Handschrift bedeutet gute Charaktereigenschaften ist in diesem Zusammenhang ein Irrtum. Es wäre sinnlos und töricht zugleich, wenn man versucht, seine Handschrift zu verstellen, nur weil man sich davon ein günstigeres Gutachten verspricht. Ein erfahrener Graphologe kann die verstellte Schrift anhand einiger Symptome erkennen.

Schreiben Sie in ausgeruhtem und entspanntem Zustand, ausgeruht und ohne innere Verkrampfung. Beachten Sie, daß auch der Schreibdruck analysiert wird; wählen Sie deshalb am besten einen Füllfederhalter zum Schreiben. Machen Sie gegebenenfalls vorher auf einem Schmierblatt ein paar Kreiselübungen.

Zu überlegen ist vorher auch die Aufteilung der Schreibfläche, weil ja auch die äußere, formale Gestaltung des Schriftstücks mitbewertet wird: an den Blattseiten und oben und unten ausreichend Rand lassen, Text in sinnvollen Absätzen gliedern.

Es kommt vor, daß ausschließlich in der Personalabteilung von Nichtfachleuten Ihre Schrift untersucht wird. Man sollte einen nicht zu anspruchsvollen Text wählen, weil man dann den Eindruck erwecken könnte, als wollte man sein geistiges Niveau hervorheben. Ein gesundes Selbstbewußtsein verbietet einem solche versteckten Hinweise.

Stattdessen ist ein eher neutraler Text angebracht: Beispielsweise liegt da ein Text aus einer Fachzeitschrift oder einer Zeitung näher, wo man eventuell auch einen entsprechenden Quellennachweis anbringen kann.

Praktische Arbeitsschritte

Übung 31

Anfertigen einer Schriftprobe

Suchen Sie in Ruhe einige geeignete Textvorlagen. Fertigen Sie sich einige Schriftproben an, um eine Auswahl zu haben. Denken Sie daran, in ausgeruhtem und möglichst entspanntem Zustand zu schreiben.

Übung 32

Selbstanalyse

Nehmen Sie Ihre Handschrift einmal unter die Lupe. Nehmen Sie dazu die Ausführungen in diesem Kapitel zu Hilfe.

☛ *Hinweis:* *Diese Analyse kann eine gute Hilfe sein, extreme Züge in einer Schriftprobe zu entdecken und dann auch zu vermeiden.*

11. Die telefonische Bewerbung

Häufig kommt es vor, daß in der Zeitungsanzeige eine Telefonnummer erwähnt wird, ausdrücklich auf die Möglichkeit einer telefonischen Vorklärung hingewiesen wird oder sogar die Telefonbewerbung als erster Schritt erwartet wird.

Die Erfahrung im Personalwesen sehr vieler Unternehmen und im Bereich der Personalberatungen allerdings zeigt, daß nur wenige Bewerber zum Telefonhörer greifen.

So trifft es viele Bewerber schmerzlich, wenn sie eine Absage nach der anderen erhalten; können sie doch die Gründe, die zur negativen Auslese führten, in der Regel dem Begleitschreiben nicht entnehmen, weil sich der Stellenanbieter hier mit verbindlichen Aussagen bedeckt hält. Den Personalbeschaffern in den Unternehmen und bei den zahlreichen Personalberatungen bereitet es andererseits Mühe und Kosten, die Menge der eingehenden Bewerbungen zu sichten.

Chancen eines Telefonats

Es geht aber auch anders! Gemeint ist der Telefonkontakt, die telefonische Vorabinformation. Speziell die Beratungsunternehmen bieten oft sogar Telefonservice am Wochenende und abends an. Leider wird er nur erschreckend wenig genutzt.

In einem Telefonat erhält der Bewerber die Möglichkeit, im Vorfeld alle offenen Fragen zu klären, die für das Verfassen oder Unterlassen einer Bewerbung notwendig sind. Somit ergibt sich auch für denjenigen Bewerber, der dem einen oder anderen Kriterium nicht ganz gerecht wird, die Möglichkeit, beispielsweise im Anschreiben gezielt zu begründen, warum sie oder er sich trotzdem für diese Aufgabe geeignet fühlt. Denn im Telefonat hat sich vielleicht ergeben, daß gewisse Anforderungen gar nicht so schwer wiegen. Die daraufhin formulierte Bewerbung hat sicherlich eine größere Chance, in den Favoritenkreis zu gelangen. Oder, weil das Gegenteil der Fall ist, unterbleibt eine Zuschrift; Mühen und Enttäuschungen und Geld kann man sich auf diese Weise sparen.

Aber noch ganz andere Erkenntnisse kann der Anrufer über das Telefon erhalten. Wichtige Informationen für den potentiellen Bewerber sind Aussagen über Unternehmensstruktur, Führungsstil sowie die Organisationsform. Interessant ist auch zu erfahren, warum die Position vakant ist, mit welchen Vollmachten und Bezügen sie ausgestattet ist; manchmal lassen sich nach einem solchen Telefonkontakt auch schon die Klimaverhältnisse des Unternehmens erahnen.

Nicht immer wird der Anrufer alle erhofften Informationen erhalten. Einige Fragen und Antworten des Bewerbers sollten sogar tunlichst vermieden werden. Die unverbindliche Höflichkeit des Gesprächpartners sollte jedoch auch nicht zu falschen Schlüssen, wie im nachfolgendem Beispiel, führen.

So begann doch tatsächlich das Anschreiben eines Bewerbers mit den Zeilen: „Erst das freundliche Gespräch mit Herrn X hat mir den Mut gegeben, mich auf diese Position zu bewerben...“ Ergebnis: Der Empfänger braucht den zweiten Absatz des Bewerbungsschreibens gar nicht mehr zu lesen, geschweige denn die Inhalte der übrigen Unterlagen zur Kenntnis zu nehmen.

Eine angenehme Gesprächsatmosphäre, ob am Telefon oder im persönlichen Dialog, sollte eigentlich die Regel sein. Daraus aber eine Aufforderung zur Abgabe der Bewerbung herzuleiten, wenn persönliches und/oder fachliches Format fehlen, ist einer Blamage gleichzusetzen. Mit solch einer Aussage disqualifiziert man sich von vornherein für jede verantwortungsvolle Position.

Die Mutprobe endete übrigens, wie zu erwarten war, mit einer Absage.

☛ *Fazit:* *Vom Telefon zur Position — so einfach wird der Weg in der Regel nicht sein. Doch wer sich richtig informiert, kann seine Chancen besser abschätzen.*

Ein „gekonntes“ Gespräch bringt dem Bewerber einen Vorsprung, denn die Einladung zu einem Vorstellungsgespräch läßt sich so schneller erreichen und ist auch mit weniger Kosten verbunden. Man beruft sich dann im Anschreiben auf das Telefongespräch und baut so schon auf einem ersten persönlicheren Kontakt auf.

In seltenen Fällen kommt das Vorstellungsgespräch schon kurzfristig — manchmal noch am selben Tag — zustande. Der Bewerber kann seine Bewerbungsunterlagen dann direkt mitbringen.

Wie ruft man an?

Einige Beobachtungen

Warum machen wir beim Anrufen ganz typische Fehler?

Weil wir mehr oder weniger bewußt Angst und irgendwie ein schlechtes Gewissen haben. Außerdem steht ein Telefongespräch immer unter dem Diktat der Zeit.

Das Wichtigste aber wird die besondere Gesprächssituation sein, die darin liegt, daß man sein Gegenüber nicht sieht und nicht gesehen wird. Es ist eine Art Teilkommunikation nur möglich, bei der „Gestik“ und „Mimik“, ja der gesamte Bereich der „Körpersignale“ unwirksam ist. Der Prozeß der Kommunikation ist ausschließlich auf die Stimme reduziert. Auf sie kommt alles an.

Was sind nun typische Fehler beim Telefonieren?

❖ **Ich rede zu schnell.**
Ich glaube mich beeilen zu müssen, weil ich das Gefühl habe, dem Gesprächspartner die Zeit zu stehlen, die er eigentlich anders verwenden möchte. Ich glaube mit schnellem Reden dem anderen Zeit zu sparen.

Beispiel: Ich habe zu schnell und deshalb undeutlich gesprochen, wenn sich der Partner nochmals nach meinem Namen erkundigt.

❖ **Ich entschuldige mich.**
Mit langen Erklärungen will ich dem Partner begreiflich machen, daß ich legitimiert bin, ihn zu „überfallen“, daß ich Grund dazu habe, daß es nicht aus Leichtsinn geschieht. So mache ich meinen Gesprächspartner direkt auf mein schlechtes Gewissen aufmerksam.

Beispiel: Der unmittelbarste Weg, sein schlechtes Gewissen zuzugeben, ist: „Darf ich Sie einen Augenblick stören?“

❖ **Ich überhöre, was der andere zu sagen hat.**
Vor lauter Entschuldigungen und Schnellsprechen komme ich gar nicht dazu, richtig zuzuhören.

Beispiel: Ich lasse den anderen nicht aussprechen und falle ihm ins Wort.

❖ **Ich vergesse die Hauptsache zu sagen.**
Ich verspreche und verhaspele mich, gerate in Verlegenheit und sage schließlich das Wichtigste, was ich sagen will, nicht!

Beispiel: Ich vergesse die entscheidenden Fragen zu stellen.

Wie macht man es richtig?

Um diese Frage beantworten zu können, muß man sich zuerst fragen: Welche Wirkung will ich überhaupt erzielen? — Vorsichtig formuliert zumindest die Wirkung, daß der andere sich nicht hochnäsig, sondern sozusagen respektvoll verhält.

Wie erreiche ich das? — Die Antwort auf diese Frage findet sich leicht, wenn man sich für einen Moment in die Rolle dessen, der den Hörer abnimmt, versetzt. Wie würden Sie reagieren, wenn es aus dem Hörer tönen würde:

„Ist Frau/Herr.... am Apparat? Der Herr Bundespräsident oder der Heilige Vater oder Franz Beckenbauer oder Erika Berger wünscht Sie zu sprechen. Ich verbinde Sie!"

Würden Sie es sich gestatten, unhöflich zu sein und dem Gesprächspartner gegenüber, (den Sie sich von den oben genannten aussuchen können), Ihrem Ärger Luft zu machen über dessen „Störung"? Oder würden Sie sich bemühen — abgesehen davon, daß Sie sich mit ein paar Handgriffen äußerlich noch etwas zurecht machen oder Ihre Krawatte zurechtrücken — sich von der besten Seite zu zeigen? Denn dieser Anruf, wenn auch überraschend, stört Sie überhaupt nicht.

Was nützt diese Erkenntnis uns, die wir nicht der Bundespräsident oder der Papst, Franz Beckenbauer oder Erika Berger sind? — Sie sagt uns, daß wir am Telefon Bundespräsident spielen müssen! Und das ist durchaus möglich. Am Telefon — und sonst nirgends in diesem Maße — haben wir die Möglichkeit, den Eindruck, den der Gesprächspartner von uns bekommt, selbst zu schaffen. Denn unser Partner am anderen Ende des Drahtes muß sich ja ein Bild von uns einzig und allein aufgrund der Geräusche und Worte machen, die sein Ohr erreichen.

Regeln für die telefonische Bewerbung

Die Erfahrungen, die in der Praxis des Telefonverkaufs gesammelt worden sind, lassen sich für die telefonische Bewerbung ausgezeichnet nutzen. Deshalb finden Sie im folgenden Regeln für den Telefonverkäufer aufgelistet, die so auch in entsprechenden Fortbildungsseminaren und Verkaufstrainings Anwendung finden.

Danach finden Sie eine Liste mit sprechtechnischen Regeln, die die Aufmerksamkeit ausschließlich auf die Stimme als Werbemittel lenkt. Und am Schluß geht es dann noch um fünf wichtige Regeln für einen guten Zuhörer.

Allgemeine Regeln für den Telefonverkauf

1 Rufen Sie zur richtigen Zeit an!

2 Verkaufen Sie das richtige Produkt!

3 Verkaufen Sie die richtige Menge!

4 Finden Sie den richtigen (kompetenten) Gesprächspartner!

5 Halten Sie schlagkräftige Argumente parat!

6 Überlegen Sie sich, was Sie Einwänden zu entgegnen haben!

7 Merken Sie sich gute Formulierungen!

8 Achten Sie auf Klang und Melodie der Stimme!

9 Stellen Sie Ihre Stimme auf den Gesprächspartner ein!

10 Bekunden Sie unbedingtes Interesse!

11 Sprechen Sie deutlich und verständlich!

12 Sprechen Sie ruhig und betont, aber nicht schleppend!

13 Verwenden Sie keine unverständlichen Fremdwörter!

14 Machen Sie eindeutige, präzise Aussagen!

15 Beachten Sie Sprechpausen!

16 Vermeiden Sie Phrasen, Floskeln und Übertreibungen!

14 Halten Sie den Hörer nicht zu weit entfernt!

15 Sprechen Sie den Namen des Kunden richtig aus!

16 Bedanken Sie sich für das Gespräch!

17 Halten Sie Ihr Telefonverzeichnis auf aktuellem Stand!

18 Überlegen Sie sich vorher, was Sie dem Partner sagen wollen!

19 Überlegen Sie sich vorher, was Sie erreichen wollen!

20 Versetzen Sie sich in die Situation des Gesprächspartners!

21 Beachten Sie den Anlaß, wehalb Sie anrufen!

22 Überlegen Sie, welchen Gesprächsaufhänger Sie verwenden wollen!

23 Durchdenken Sie den Leitfaden der Gesprächsführung!

24 Erstellen Sie ein Stichpunktkonzept für das Telefonat!

Einige wichtige sprechtechnische Regeln

1 Klar und deutlich sprechen!

2 Genau artikulieren!

3 Auf Klang und Melodie achten!

4 Freundlichkeit ausstrahlen!

5 Nicht zu schnell sprechen!

6 Nicht schleppend sprechen!

7 Mit Engagement sprechen!

8 Auf Pausen achten!

9 Mit tiefer Stimme reden!

Die wichtigsten Zuhörer-Regeln

1 Partner aussprechen lassen!

2 Nicht abrupt unterbrechen!

3 Sich zwischendurch einmal kurz bemerkbar machen als Zeichen dafür, daß Sie noch „da“ sind!

4 Kurze Bestätigung des Gehörten geben!

5 „Aktiv“ zuhören!

Schlußfolgerungen für die Praxis

Aus den aufgeführten Regeln ergibt sich natürlich die unmittelbare Frage, wie man denn alle diese sicher guten Ratschläge befolgen soll? Wie versichert man sich selbst dagegen, daß man nicht in dem Moment, wo der andere am Telefon seinen Namen nennt, alle Regeln wieder vergißt?

Darauf möchte ich einige praktische Antworten geben:

1 Bereiten Sie sich gründlich auf das Telefongespräch vor. Ihre kompletten Bewerbungsunterlagen liegen gut geordnet vor Ihnen. Knappe Fragen haben Sie (vielleicht nur in Stichworten) gut leserlich auf ein DIN-A4-Blatt geschrieben. Die ausgewertete Zeitungsanzeige liegt ebenfalls vor Ihnen.

2 Sie haben einen günstigen Zeitpunkt für Ihren Anruf gewählt. Kurz nach Bürobeginn und kurz vor Büroschluß ist ein Anruf denkbar ungünstig!

3 Denken Sie das gesamte Gespräch vorher durch. Stellen Sie sich auf unangenehme Fragen ein.

4 Machen Sie sich klar, daß das Telefon durch seinen Abstand zum Gesprächspartner, durch die Unsichtbarkeit Sie stark macht.

5 Prüfen Sie, bevor Sie den Hörer abnehmen, genau den Namen und gegebenenfalls auch den Titel des Gesprächspartners. Nichts klingt für den Ansprechpartner schöner als der eigene Name. Sprechen Sie ihn unbedingt richtig aus. Fragen Sie ruhig noch einmal nach, wenn Sie ihn nicht gleich verstanden haben.

6 Rechnen Sie damit, daß Sie zuerst mit der Telefonzentrale verbunden werden. Der Vermittlung brauchen Sie nicht Ihre ganze Geschichte zu erzählen. Lassen Sie sich zuerst verbinden.

7 Begrüßen Sie Ihren Geprächspartner in der Personalabteilung mit der entsprechenden Tageszeit. Höflichkeit kennt keinen Zeitdruck.

8 Stellen Sie sich vor. Nennen Sie Ihren Namen und den Grund Ihres Anrufs und drücken Sie sich dabei möglichst positiv aus.

Nicht: „Ich wollte fragen, ob die Stelle noch frei ist.“

Sondern: „Ich bin daran interessiert, Ihr neuer Mitarbeiter zu werden.“

9 Auf die zu erwartende Rückfrage des Gesprächspartners haben Sie sich vorbereitet. Er könnte fragen:

- Warum haben Sie denn Interesse?
- Was können Sie denn?
- Was haben Sie bisher gemacht?
- Sind Sie arbeitslos?

10 Machen Sie sich Notizen über das Gespräch. Lernen Sie daraus für die nächsten Gespräche.

Praktische Arbeitsschritte

Übung 33

Plus-Minus-Analyse

Stellen Sie mit Hilfe des Arbeitsblattes die Vor- und Nachteile der telefonischen Bewerbung gegenüber. Nehmen Sie dabei sowohl Ihre eigenen Erfahrungen zu Hilfe als auch die Informationen, die Sie im vorangehenden Kapitel dieses Buches nachlesen können.

PLUS-MINUS-ANALYSE

+ plus	minus -

Übung 34

Entwurf eines Notizzettels

Entwerfen Sie ein Formular, das als Notizzettel beim Telefonieren benutzt werden kann.

☛ *Hinweis:* *Schauen Sie sich als Anregung das Beispiel im Anhang dieses Buches an.*

Übung 35

Vorbereitung Ihrer Telefonaktion

Sie wissen doch: Vorbereitung ist der Schlüssel zum Erfolg.

Erarbeiten Sie den Gesprächsinhalt und -aufbau in folgenden sieben Schritten, die auch eine Hilfe für unaufgeforderte Bewerbungen am Telefon sein können:

1 Begrüßung und Vorstellung
Firma, Name des Gesprächspartners

2 Aufwertung des Partners
Z.B. Grund, warum Sie gerade ihn (seine Firma) als potentiellen Arbeitgeber ausgeguckt haben.

3 Sie-Ansprache
Nicht jeden Satz beginnen mit: „ich will...ich werde...ich kann", sondern sprechen Sie mehr so: „Sie haben mich mit Ihrer Anzeige neugierig gemacht..." oder „Sie expandieren in den letzten Jahren sehr stark...".

4 Darstellung der eigenen Situation
Z.B. warum man diesen unkonventionellen Weg der Stellensuche geht.

5 Abfrage des Bedarfs
Wenn derzeit im Wunschbereich keine Stelle frei ist, besteht vielleicht in anderen Unternehmensbereichen Bedarf.

6 Terminvorschlag
Bedenken Sie, daß der Kalender Ihres Gesprächspartners in der Regel voller ist als Ihrer; fragen Sie, ob in den nächsten 10 bis 14 Tagen ein Termin möglich ist; halten Sie selbst auch einige Vorschläge bereit.

7 Positiver Abschluß
Bei einer Absage nicht unfreundlich werden, besser nachfragen, ob man sich später noch einmal melden kann, da sich die Situation ja geändert haben könnte; bei einer Zusage sich bedanken und Freude über das persönliche Gespräch ausdrücken.

Übung 36

Mustergespräche

Das folgende Beispiel mit alternativen Reaktionen soll Ihnen die Bedeutung einer Gesprächsmethodik bewußt machen. Viele Gespräche verlaufen zwar nicht genau so, aber ähnlich. Vergleichen Sie die Reaktionen miteinander und überlegen Sie, wie Sie selbst antworten.

☛ *Hinweis: Bleiben Sie stets „Sie" selbst, das heißt sich selbst, Ihrer Art zu sprechen, treu!*

Begrüßung

Gesprächspartnerin:	Bewerber:
„Hansen..."	
	„Werner Schneider. Guten Tag Frau Hansen."

Sie-Ansprache

	„Ihr Unternehmen verkauft schlüsselfertige EDV-Systeme..."

eigene Situation

	„Frau Hansen, ich werde in drei Wochen mein Examen als Diplomingenieur ablegen. Meine Schwerpunktfächer sind Informatik und Fertigungsorganisation. Ich möchte gerne im Computer-Vertrieb tätig werden. Während der Semesterferien habe ich mehrere Male in einem Computer-Laden gejobt. Das hat mir großen Spaß gemacht. Ist es möglich, daß ich mich bei Ihnen einmal persönlich vorstelle, Frau Hansen?"

Reaktion I

„Wir stellen zur Zeit niemand ein. Leider!“

„Wenn Sie zur Zeit keine Mitarbeiter einstellen, ergibt sich dann vielleicht im nächsten Quartal eine Einstiegschance für mich?“

„Nein, mit Sicherheit nicht. Tut mir leid.“

„Das ist schade Frau Hansen. Ich hätte gerne für Ihr Unternehmen gearbeitet. Herzlichen Dank für das Gespräch. Auf Wiederhören, Frau Hansen.“

Reaktion II

„Es könnte sein, daß wir im nächsten Quartal einen Vertriebsassistenten einstellen.“

„Wann darf ich mich bei Ihnen vorstellen?“

„Herr Schneider, schicken Sie uns doch vorab einmal Ihre kompletten Bewerbungsunterlagen.“

„Gern, Frau Hansen. Ich schicke sie heute noch an Sie ab. Wann kann ich Sie wieder anrufen?“

„Wir kommen wieder auf Sie zu. Bis spätestens in drei Wochen werden wir Sie informieren, ob und wann wir uns treffen.“

„Vielen Dank für das Gespräch, Frau Hansen. Meine Unterlagen haben Sie übermorgen in der Post. Auf Wiederhören.“

Reaktion III

„Gut, daß Sie anrufen. Wir wollten am kommenden Wochenende eine Anzeige in der... schalten. Wir suchen zwei neue Mitarbeiter.“

„Frau Hansen, ich würde mich ganz gerne bei Ihnen vorstellen. Wäre es Ihnen in dieser Woche recht oder haben Sie in der nächsten Woche einen Termin für ein Vorstellungsgespräch frei?“

„Ich habe am Donnerstag Zeit, warten Sie mal, ja um 14.30 Uhr, das geht."

„Prima, Frau Hansen, dann bin ich Donnerstag um 14.30 Uhr bei Ihnen. Den Termin habe ich notiert. Meine Bewerbungsunterlagen werde ich Ihnen mitbringen."

„Einverstanden, Herr Schneider."

„Vielen Dank. Ich freue mich auf das Gespräch mit Ihnen. Auf Wiedersehen, Frau Hansen."

Übung 37

Tonband/Kassetten-Aufnahmen und Analyse

Nehmen Sie ein oder mehrere vorbereitete Gespräche auf, indem Sie telefonische Bewerbungen simulieren. Beachten Sie die empfohlenen Schritte der Vorbereitung und nehmen Sie auch einen Telefonhörer als Hilfe in die Hand. Achten Sie darauf, daß die Gesprächspartner sich nicht sehen können, z.B. durch Rücken-an-Rücken-Setzen.

Zur Analyse können Sie das folgende Arbeitsblatt benutzen. Als Beobachter und Telefonierer beantworten Sie zuerst die Fragen mit Ja oder Nein, danach notieren Sie sich Verbesserungsvorschläge.

Kontrollpunkte	Ja/Nein	Verbesserung
Vorstellung		
Begrüßung		
Firma, Namen?		
Deutlich, einprägsam?		
Mit Namen angesprochen?		
Geprüft, ob mit richtigem Partner verbunden?		
Aufhänger		
Auf aktuellen Anlaß Bezug genommen?		
Sofort Interesse geweckt?		
Angebot		
Eigenes, klares Angebot?		
Konkreter Vorschlag?		
Vorteile für das Unternehmen		
Aufgezeigt?		
Vereinbarung		
Termin vereinbart?		
Wiederholungsanruf möglich?		
Zusammenfassung		

Kontrollpunkte	Ja/Nein	Verbesserung
Wichtige Abmachungen wiederholt?		
Dank ausgesprochen?		
Verabschiedet?		
Telefonverhalten		
Angemessene Sprechgeschwindigkeit?		
Deutlich?		
Kurze Sätze?		
Freundlich?		
Verständliche Formulierungen?		

Übung 38

Stimmtraining

Trainieren Sie mit Hilfe eines Cassettenrekorders Ihre Stimme. Die Höhenlage der Stimme, zu schnelles Sprechen, verschluckte Endungen, Nuscheln usw. vermindern Ihre positive Wirkung am Telefon.

Üben Sie besonders auch Ein- und Ausstieg aus dem Gespräch. Dieser „Rahmen“ ist nicht so unwichtig, wie Sie vielleicht meinen. Üben Sie, ruhig und bestimmt zu sprechen. Führen Sie in einem Lernspiel mehrere Aquisitionsgespräche, damit sich Angst, Verkrampfungen und Hemmungen lösen.

☛ *Hinweis:* ***Fassen Sie dabei die Kritik anderer nicht als persönlichen Angriff auf und vergessen Sie nicht, auch zu sagen, was gut ist!***

12. Die Sprache des Körpers

Noch vor wenigen Jahren war das Gebiet der Körpersprache weithin unbekannt. Kinesik — die Lehre von der Körpersprache und der Körperbewegung — ist inzwischen so wichtig geworden, daß jeder sich — beruflich wie privat — unbedingt damit beschäftigen sollte.

Kinesik ist eine der entscheidenden Möglichkeiten, bei Gesprächen und Verhandlungen den Partner in Zukunft leichter einschätzen zu können.

Kinesik

Die Lehre von der Körpersprache wird in zunehmendem Maß und sehr gezielt auch bei Bewerbungsbeurteilungen eingesetzt. Dabei ist die systematische Analyse des Verhaltens eines Bewerbers ein zusätzliches, wesentliches Entscheidungskriterium. Sicherlich kann man davon ausgehen, daß das Verhalten des Bewerbers mehr oder weniger bewußt schon immer in die Beurteilung mit einbezogen worden ist. Neu ist, daß die wissenschaftlichen Erkenntnisse über die „nonverbale Kommunikation" eine methodische Untersuchung und Beurteilung möglich machen. Kinesik ist die Wissenschaft, die nichtsprachliche Verständigungen erforscht (griech.: kinesis, Bewegung; vgl. Kino, engl.: cinema).

Mit fünf Kategorien läßt sich der oft ungerichtete erste Eindruck systematisieren:

1. Haltung

1 **Beschreibungsmöglichkeiten:**
aufrecht, gebückt, hängende Schultern usw.

2 **Interpretationsansätze:**
aufrecht — selbstsicher, antriebslos, schlaff usw.

Aus der Haltung des gesamten Körpers lassen sich vor allem der Gefühlszustand und die Einstellung zu anderen erkennen. Man lehnt sich zum Beispiel nach vorne, um den Abstand zu verringern oder den Sichtkontakt zu verbessern, wenn man die Person gern hat. Eine positive Einstellung kann auch das Öffnen der Arme und Beine anzeigen. Aus der ent- bzw. gespannten Körperhaltung läßt sich besonders gut auf die Intensität des Gefühlszustands rückschließen.

Die Beziehungen zwischen Körperhaltung und Persönlichkeit sind allerdings noch kaum erforscht. Trotzdem sind inzwischen auch in diesem Bereich einige Zusammenhänge gefunden worden. Beispielsweise deutet eine steife, militärische Haltung bei Männern auf unterdrückte Angst hin.

2. Mimik

1 Beschreibungsmöglichkeiten:
Augenbrauen hochgezogen, Nase gerümpft, Mundwinkel nach unten gezogen usw.

2 Interpretationsansätze:
Erstaunen oder Aufmerksamkeit, Skepsis, Unbehagen usw.

Im Zusammenhang mit der Verhaltensanalyse ist vor allem der Gesichtsausdruck, das Minenspiel des Bewerbers für den Gesprächspartner interessant. Für nonverbale Signale ist das Gesicht überhaupt der wichtigste Bereich des Körpers.

Im Gesichtsausdruck eines Menschen äußern sich die persönlichen Eigenschaften in bestimmten Strukturmerkmalen. So hat jedes Gesicht einen unverwechselbaren Ausdruck. Gefühle werden durch ganz bestimmte Ausdrucksmuster angezeigt und der Gesichtsausdruck unterstützt und ergänzt in charakteristischer Weise die verbalen Aussagen.

Die Schwierigkeiten bei der Beurteilung des Gesichtsausdrucks bestehen darin, daß das Gesicht im allgemeinen sorgfältiger beobachtet wird als jeder andere Körperteil. Das Gesicht bietet dem Menschen aber auch sehr viele Möglichkeiten der Verstellung, so daß Gefühle oft nur bei ganz genauem Hinsehen „abgelesen“ werden können.

Neben der Möglichkeit des Verbergens von Gefühlen gibt es noch eine zweite Manipulationsmöglichkeit. Gesichtsmerkmale können durch Bärte, Frisur, Brillen, Schminke usw. verändert werden und eine Interpretation des Gesichtsausdrucks zusätzlich erschweren.

Eine besondere Bedeutung kommt den Augen zu. Die Dauer des Blickkontaktes und die Qualität des Blickes können den Ausdruck des Gesichtes verstärken, abschwächen oder auch ganz verändern. Die Qualität des Blickes ergibt sich dabei aus den Veränderungen des Pupillendurchmessers, der Häufigkeit des Blinzelns, der Lidöffnung und der Richtung des ausweichenden Blickes.

In psychologischen Untersuchungen hat man festgestellt, daß das Blickverhalten vom Gefühlszustand, der Persönlichkeit und dem jeweiligen Gesprächspartner abhängig ist. Demnach sieht man Personen, die man mag, länger an als unsympathische Menschen. Eher extrovertierte Menschen sehen den Gesprächspartner häufiger an, besonders beim Reden. Bei Angst, Verlegenheit oder sogar Scham wird der Blickkontakt vermieden, so gut es geht. Blickverhalten zutreffend zu interpretieren ist nur dann möglich, wenn der Gesichtsausdruck in die jeweilige Situation eingeordnet wird. Diese Regel läßt sich besonders gut daran erkennen, daß ein lachendes Gesicht einem weinenden oft zum Verwechseln ähnlich ist.

3. Gestik

1 **Beschreibungsmöglichkeiten:**
Arme vor der Brust verschränkt, flache Hand nach vorne gestreckt, Hände zur Faust geballt ...

2 **Interpretationansätze:**
Abwehr, Distanz, Schutz usw.

Vor allem die Hände und in geringerem Maß die Füße und auch der Kopf werden bei der Kommunikation eingesetzt. Gesten können beim Sprechen die Aussagen unterstützen, sie können ihnen aber auch widersprechen, vor allem, wenn versucht wird, die wahren Gefühle zu verbergen. Gefühle kann man besonders gut an den Händen erkennen. Die Hände zeigen nämlich beim Sprechen den Grad der Aufregung; Angst kommt durch angespannte, verkrampfte Hände, die sich einander festhalten oder irgendwo anklammern, zum Ausdruck.

Auch die angemessene Interpretation von Gesten ist nicht ohne weiteres möglich, denn es ist festgestellt worden, daß das gestische Verhalten eines Menschen von seiner gesellschaftlichen und beruflichen Stellung abhängt, vom Alter, Geschlecht und dem körperlichen Zustand.

Die Echtheit einer Geste erkennt man mit sehr aufmerksamem Blick daran, daß sie immer kurz vor dem sprachlichen Ausdruck erfolgt. Die Geste geht — so könnte man sagen — dem Ausdruck unmittelbar voraus.

4. Tonfall

1 **Beschreibungsmöglichkeiten:**
langsam, leise, bewegt, viele Pausen, viele ä's usw.

2 **Interpretationsansätze:**
unsicher, aber auch konzentriert, überlegend, unkonzentriert usw.

Gefühle finden nicht zuletzt ihren Widerhall in der Stimme eines Menschen. Vor allem durch Schnelligkeit, Lautstärke, Stimmhöhe, Sprechstörungen oder die Beschaffenheit der Stimme überhaupt. Die Beschaffenheit einer Stimme setzt sich aus deren Resonanz, der Tonhöhe und der Atmung und auch dem Akzent zusammen. So wird jeder Stimme Individualität verliehen, und es ist möglich, an der Stimme zu erkennen, ob ein Kind, ein Mann oder eine Frau sprechen. Sogar Nuancen des Alters lassen sich meistens heraushören.

5. Distanzzonen

1 Beschreibungsmöglichkeiten:
Eine Armlänge voneinander entfernt, Körperkontakt usw.

2 Interpretationsansätze:
Je näher man einem Menschen tritt, um so mehr Sympathie, um so weniger Kontaktscheue wird signalisiert.

Wichtig ist, daß Sie gewisse Distanzzonen des Gesprächspartners respektieren und beachten. Aufgrund zahlreicher Untersuchungen und des Erfahrungsaustausches mit Seminarteilnehmern ergeben sich folgende Distanzzonen:

Intim-Distanz

In diese Distanzzone einzudringen ist nicht empfehlenswert, da der Blickkontakt besonders schwierig wird und leicht aufdringlich wirkt. Viele Vorgesetzte sind der Ansicht, in diese Zone des Mitarbeiters eindringen zu können. Wer sich seine Mitarbeiter erhalten will, tut gut daran, „Abstand zu halten".

Persönliche Distanz

In diesen weitaus wichtigsten Bereich sollten Sie eindringen, wenn Sie zielorientiert verhandeln oder sprechen wollen. Eine erfolgreiche Verkaufsverhandlung, bei der die Entfernung zwischen Einkäufer und Verkäufer vier oder fünf Meter beträgt, ist kaum vorstellbar.

Erfahrene Marketingleiter empfehlen ihren Mitarbeitern, daß sie — gedanklich — immer den Arm ausstrecken. Wenn sie dann den Kunden berühren, sind sie in seine Intim-Distanz eingedrungen.

Gesellschaftliche Distanz

Sie wird bei offiziellen Anlässen vorgezogen. Für das Normalgespräch ist dies nicht entscheidend.

Ansprache-Distanz

Dieser Abstand ist bei Vorträgen, Reden oder Referaten zu beachten. Nur wenn Sie hier genügend räumlichen Abstand haben, können Sie alle Hörer im Blickfeld haben.

Bedingungen für eine angemessene Deutung

Viele unserer körpersprachlichen Signale sind mehrdeutig. Deshalb ist es immer nötig, einzelne Signale im Zusammenhang zu interpretieren. Nur wenn ein Signal wiederholt festgestellt wird und durch andere entsprechende Signale unterstrichen wird, ist eine einigermaßen sichere Deutung möglich.

Sechs Grundbedingungen sind vorauszusetzen, um individuelle Körpersignale richtig interpretieren zu können (nach Rolf Ruhleder, Dozent und Marketingleiter der Akademie für Führungskräfte in Bad Harzburg):

1 Beim Gesprächspartner liegen keine körperlichen Leiden vor.

2 Es handelt sich um unterbewußte Aussagen, studieren Sie also genau, ob der Gesprächspartner nicht bestimmte Aussagen absichtlich gegen Sie einsetzt.

3 Es müssen mindestens zwei körperspachliche Aussagen zusammenkommen. Wir sprechen hier von „Bewegungstraube“. Diese Aussagen müssen auch in die gleiche Richtung — positiv oder negativ — gehen. Das heißt, es kann sich genausogut ergeben, daß durch eine positive und durch eine andere negative körpersprachliche Aussage die gesamte Aussage aufgehoben wird.

4 Es darf sich nicht um eine Angewohnheit Ihres Gesprächspartners handeln.

5 Die Körpersprache kann nur bewertet werden, wenn eine gewisse Verspannung oder sogar Streßsituation vorhanden ist: Streitgespäche, Kritikgespräche, Vorträge, Interviews usw.

6 Die Aussagen gelten nur für den deutschsprachigen Raum mit der entsprechend vorherrschenden Mentalität.

Körpersprache und Bewerbungsgespräch

Die Verwendung körpersprachlicher Aussagen bei der Bewerbungsbeurteilung ist problematisch einmal deshalb, weil die Gesprächszeit nur verhältnismäßig kurz ist, zum anderen aber auch, weil in der Regel nicht geschulte Psychologen, sondern die jeweils zuständigen Verantwortlichen im Personalwesen die Analyse vornehmen. Im allgemeinen orientiert man sich im Personalwesen lediglich an einigen typischen Verhaltensmerkmalen, deren Bedeutung inzwischen weitgehend bekannt ist.

In der nun folgenden Tabelle sind für den Bewerber die wichtigsten Signale mit den entsprechenden Bedeutungen aufgelistet. Es ist eine Auflistung wie sie auch in Fortbildungsseminaren für Mitarbeiter in Personalabteilungen Verwendung findet.

Körpersignale	
Körpersignal	**Bedeutung**
übertriebener, kräftiger Händedruck mit Schmerzen der Finger	rücksichtslos, Angeberei
kräftiger Händedruck ohne Übertreibung	Aufrichtigkeit, Sicherheit
schlaffer Händedruck	unsicher, kontaktarm, leicht zu beeinflussen
verschränkte Arme bei Männern	Ablehnung, Verschlossenheit
verschränkte Arme bei Frauen	eher Selbstschutz, Angst
Achselzucken, die Handflächen nach außen	Hilflosigkeit
übereinandergeschlagene Beine zum Gesprächspartner hin	Aufbau eines Sympathiefeldes
übereinandergeschlagene Beine vom Gesprächspartner weg	Ablehnung und Unwillen
Beine hoch übergeschlagen	Selbstschutz, Rückzieher
überschlagene Beine, Knie in die Hand gestützt, bei Frauen	skeptisch, kritisch
Füße beim Sitzen dicht aneinander gestellt	Ängstlichkeit, mehr als korrekt
breit auseinanderklaffende Beine beim Sitzen	sorglos, unbekümmert, evtl. rücksichtslos
ruhende Sitzhaltung	selbstsicher, robust, unbekümmert, auch Erschöpfung
alarmbereite Sitzhaltung	Mangel an Selbstvertrauen, Mißtrauen, innere Unruhe
Füße um die Stuhlbeine gelegt	Unsicherheit, Halt suchen
Füße nach hinten genommen	Ablehnung
mit den Füßen wippen	arrogant, ungeduldig, aber auch Sicherheit
steife „Körperhaltung“	Unterdrückung von Angst
breitbeinig stehen	Selbstsicherheit
den Oberkörper weit nach vorne lehnen	Interesse, Sympathie, Wunsch zu unterbrechen
den Oberkörper weit zurücklehnen	desinteressiert, Ablehnung
Hand vor den Mund gehalten beim Sprechen	Unsicherheit
Hand vor den Mund gehalten nach dem Sprechen	will das Gesagte zurücknehmen

Körpersignale

Körpersignal	**Bedeutung**
Verschränken der Hände vor dem Mund	Zuhörer fällt es schwer, sich zurückzuhalten
beim Sprechen Armlehnen mit beiden Händen festhalten	agressiv unsicher, Neigung zur Weitschweifigkeit
mit den Händen ein Spitzdach formen	Arroganz, Abwehr von Einwänden
spielende Hände	Nervosität, Erregung, auch Befangenheit, Angst, Verwirrung
mit dem Finger auf den Gesprächspartner zeigen	Wut, Angriff
Faust machen	verhaltener Zorn, Wut
Anfassen an der Nase	nachdenklich, kritisch, auch Verlegenheit
über den Hinterkopf streichen oder an den Ohren zupfen	verlegen, unbehaglich, verärgert
Streichen des Kinns	nachdenklich, zufrieden
Finger zum Mund nehmen	verlegen, unsicher
mit den Fingern trommeln	ungeduldig, nervös
häufiges Spielen mit dem Ring	frustriert vom häuslichen Leben, Eheprobleme?
häufiges Abnehmen der Brille	Ablehnung, Nervosität, Angriff
zusammengepreßter Mund	Reserviertheit
aufgelockertes Lächeln	Mitfreude, Heiterkeit
verzerrtes Lächeln	ironisch, blasiert, schadenfroh
überwiegend geöffneter Mund	Mangel an Selbstkontrolle
verengte Augenöffnung	Entschlossenheit, konzentriert, auch Eigensinn, kleinlich, überkritisch
zugekniffene Augen	Abwehr, Unlust
häufiges Bewegen der Lider	befangen, unsicher, schlechtes Gewissen, nervös
Augenbrauen heben	ungläubig oder arrogant
gerader Blick	Offenheit, Vertrauen
schräger Blick	abschätzend, zurückhaltend, auch Mißgunst oder Hinterhältigkeit
häufiger „Blickkontakt"	Sympathie

Körpersignale	
Körpersignal	**Bedeutung**
häufiges Wegsehen	Verlegenheit oder mangelnde Sympathie
lautstarke Stimme	Vitalität, selbstbewußt, Kontaktfreude, aber auch Geltungsdrang
leise, flüsternde Stimme	Schwäche, mangelndes Selbstbewußtsein, aber auch Sachlichkeit, Bescheidenheit
schnelles Sprechtempo	impulsiv, temperamentvoll, aber auch ungezügelt, nervös
langsames Sprechtempo	antriebsschwach, aber auch sachlich, besonnen, Ausgeglichenheit
wechselndes Sprechtempo	innerlich unausgeglichen

Praktische Arbeitsschritte

Übung 39

Beobachtungsaufgabe

Prägen Sie sich die Körpersignale und ihre Bedeutung ein und beobachten Sie über einen längeren Zeitraum einige ausgewählte Personen.

Dabei können Sie z.B. auch Diskussionsrunden im Fernsehen zu Hilfe nehmen.

Achten Sie also stets darauf, die einzelnen Körpersignale in den Gesamtzusammenhang einzuordnen, um Fehlinterpretationen zu vermeiden.

Übung 40

Pantomime-Übungen

Diese Übung fassen Sie am besten als Spiel auf. Denken Sie sich eine Situation oder ein Ereignis aus oder einfach nur einen Begriff und versuchen Sie das nonverbal anderen mitzuteilen.

Durch derartige spielerische Übungen kann man lernen, die Bewegungen seines Körpers bewußter wahrzunehmen. Außerdem geben Pantomime-Übungen die Möglichkeit, alles Steife und Gekünstelte abzulegen und freier und selbstsicherer zu sein.

☛ *Hinweis:* *Im folgenden Kapitel finden Sie in den Praxisschritten weitere Anregungen für Übungen im Bereich der Körpersprache.*

13. Das Bewerbungsgespräch

Wer eine Einladung zum Vorstellungsgespräch erhält, hat es verstanden, sich mit seinen Fähigkeiten und Kenntnissen so gut zu verkaufen, daß er für den Arbeitgeber attraktiv geworden ist. Sicher ist eine solche Einladung so etwas wie eine erste Vorentscheidung für Sie, und eine beachtliche Hürde ist genommen. Immerhin haben Sie etwa 95% aller Mitbewerber hinter sich gelassen und sind nun einer von vier oder fünf Bewerbern, deren Rangordnung in der Regel bereits feststeht.

Der sicher schwierigste und gleichzeitig entscheidende Teil des Bewerbungsverfahrens steht Ihnen noch bevor. Ohne daß man es unbedingt merkt, macht man in einem solchen Gespräch viele Fehler und verschenkt so manche Chance. Aus der Erfahrung vieler Bewerber ist mir bekannt, daß gerade im Vorstellungsgespräch noch viele subjektive Möglichkeiten der Beeinflussung bestehen. Darum ist die Vorbereitung auf ein Vorstellungsgespräch mindestens genau so wichtig wie das sorgfältige Erstellen der Bewerbungsunterlagen.

Patentrezepte für Vorstellungsgespräche gibt es mehr als genug, sie sind allerdings völlig fehl am Platz, denn die Art und Weise, wie derartige Gespräche geführt werden, ist sehr verschieden. Allerdings werden zum Beispiel einige, immer gleiche Standardfragen gestellt und der Lebenslauf eines jeden Bewerbers provoziert individuell zu ganz gezielten Fragestellungen. Und wie wir im vorhergehenden Kapitel über die Körpersprache gesehen haben, präsentiert sich der Bewerber keineswegs nur mit Worten, sondern „verrät sich" viel mehr noch durch seine Körpersprache. Denn immerhin geht es im Vorstellungsgespräch vorrangig um die Persönlichkeit.

Deshalb geht es in diesem Kapitel darum, zu zeigen, was das Typische an Vorstellungsgesprächen ist und welche Einflußmöglichkeiten der Bewerber hat. Ein Fragenkatalog mit einer Auswahl der häufigsten Fragen (ermittelt aus ca. 1000 Bewerbungsgesprächen), kann Sie als Bewerber vor den bösesten Überraschungen bei der Vorstellung bewahren.

Ihre Präsentation

Ihr Ziel muß es sein, sich im Vorstellungsgespräch optimal zu präsentieren und so zu verkaufen, daß bei Ihrem Gesprächspartner ein positiver Eindruck hervorgerufen wird.

Ihre persönliche Darstellung muß sachlich, klar und überzeugend sein und dem Arbeitgeber einen Vorteil versprechen.

Denken Sie daran: Keiner kauft etwas, das er nicht kennt und von dessen Nutzen er nicht überzeugt ist.

Durch die Bewerbung sind die meisten Fragen nach Ihrer fachlichen Qualifikation bereits beantwortet. Jetzt kommt es eher auf das an, was mit dem Begriff Persönlichkeit bezeichnet wird. Aufgrund Ihrer Persönlichkeit müssen Sie in die Position und die Firma „passen“. Das ist ein für den Arbeitgeber sehr entscheidendes Kriterium.

Die Persönlichkeit eines Menschen zeigt sich sowohl in Charaktermerkmalen und Eigenschaften als auch in seiner äußeren Erscheinung und im Auftreten.

Ihr Gesprächspartner will sich deshalb über Eigenschaften informieren wie Kontaktfähigkeit, Selbstsicherheit, Initiative, Ehrgeiz, Zielstrebigkeit, Anpassungsfähigkeit und über äußere Merkmale wie Aussehen und Auftreten, Gang und Gesten, Haltung und Mimik, Manieren, Sprechweise, Kleidung, Frisur.

Die erste Frage, die man sich also stellen muß, ist: Wie soll man sich als Bewerber während des Vorstellungstermins verhalten? Worauf sollte man in seinem Verhalten auf jeden Fall achten?

Garderobe

Beginnen wir bei der äußeren Erscheinung, beim Problem der passenden Garderobe. Sie ist deshalb so wichtig, weil sie bei uns Menschen eng mit unserer Selbstsicherheit verbunden ist. Suchen Sie deshalb eine Kleidung aus, in der Sie sich wohlfühlen, die Ihnen die nötige Sicherheit gibt, weil sie zu Ihnen paßt und Ihnen gut steht.

Stimmen Sie aber die Kleidung auch auf die angebotene Position und das jeweilige Unternehmen ab! Die Vorstellung bei einer Bank erfordert mit Sicherheit eine andere Bekleidung als ein Gespräch in einer Werbeagentur. Grundsätzlich ist aber eher Dezentes angesagt als Auffälliges.

Unsere Kleidung und Aufmachung ist von ähnlicher Bedeutung wie die Verpakkung einer Ware. Sie entscheiden nämlich mit darüber, ob wir etwas kaufen oder nicht.

Vergessen Sie nicht, daß einer Ihrer Gesprächspartner auch einen Blick auf Ihre Schuhe werfen könnte. Mit ungeputzten Schuhen und abgelaufenen Absätzen wirkt keiner vertrauenserweckend.

Was bereits über die Kleidung gesagt wurde, gilt auch entsprechend für die Frisur und bei Bewerberinnen noch für das Make-up und den Schmuck. Weder ausgefallene, noch verführerische Kleider sind ratsam, weil das sehr schnell als Manipulationsversuch erkannt und negativ bewertet wird.

Nicht zuletzt geht es in diesem Zusammenhang auch um die Vermeidung eines aufdringlichen Parfums oder Rasierwassers, die genau so abstoßend wirken können wie eine Knoblauch- oder Alkoholfahne.

Wartezeit

Wie soll man sich als Bewerber verhalten, wenn man warten muß? Das ist die zweite Frage, mit der man sich oft konfrontiert sieht. Bei fast jedem Gespräch muß ein Bewerber mit mehr oder weniger langen Wartezeiten rechnen. Das hat verschiedene Ursachen: Der Personalleiter spricht noch mit einem anderen Bewerber oder er führt gerade noch ein wichtiges Telefonat. Es kann aber auch sein, daß man Sie absichtlich warten läßt, um Sie zu testen. Man will wissen, wie sie während oder auch nach Ablauf der Wartezeit reagieren.

Am einfachsten ist es, sich klarzumachen, was ein Bewerber beim Warten unbedingt vermeiden sollte:

- nervös auf und ab gehen,
- einen Mitarbeiter oder die Sekretärin ständig mit Fragen zu bombardieren oder
- eine Kettenrauchernummer abzuziehen.

Nehmen Sie stattdessen lieber ein Firmenprospekt in die Hand, das oft dort bereitliegt, wo man Sie gebeten hat, Platz zu nehmen. Ergänzen Sie Ihre Informationen über das Unternehmen und konzentrieren sich so auf das vor Ihnen liegende Gespräch.

Vergewissern Sie sich auch ruhig noch einmal, ob Sie Ihre Unterlagen griffbereit haben, damit Sie nicht während des Gesprächs suchen müssen.

Für den Fall, daß man Sie mehr als 15 bis 20 Minuten warten läßt, sollten Sie sich höflich nach dem Grund erkundigen. Fragen Sie auch, wie lange Sie voraussichtlich noch warten müssen; bieten Sie gegebenenfalls eine Terminverschiebung an.

Übertriebene Zurückhaltung ist in dieser Situation nicht angesagt, vielmehr zeigen Sie Selbstbewußtsein, indem Sie nach angemessener Wartezeit die Initiative ergreifen. Bedenken Sie in dieser Situation, daß Sie eine solide Verhandlungsposition haben, denn man ist ja an Ihrer Arbeitskraft interessiert. Sonst wären Sie nicht eingeladen worden.

Gesprächsführung

Passen Sie genau auf, wenn Ihr Gesprächspartner seinen Namen nennt, damit Sie ihn richtig ansprechen können.

Häufig wird Ihnen zu Beginn Kaffee oder ein anderes Getränk angeboten und serviert.

☛ *Hinweis:* *Vorsicht bei Alkohol, manchmal handelt es sich dabei um einen ersten Test.*

Reden Sie nicht gleich darauflos, sondern warten Sie bis Ihr Gesprächspartner das Gespräch eingeleitet hat und Ihnen eine Frage stellt. Wahrscheinlich wird er zunächst auf Ihre Bewerbung zu sprechen kommen und Ihnen sagen, was ihn bewogen hat, Sie einzuladen.

Im Interview werden Fragen fachlicher und persönlicher Art gestellt, die durch die Bewerbungsunterlagen noch nicht hinreichend geklärt erscheinen oder darin überhaupt noch nicht berührt wurden.

Verhalten Sie sich natürlich, und machen Sie einen ruhigen und gelassenen, aber aufgeschlossenen Eindruck. Das bedeutet in erster Linie: Hören Sie mit Interesse zu! Gesucht wird nicht nur der, der gut reden kann, sondern gerade auch der, der richtig zuhören kann.

Vermeiden Sie schnelles, hastiges Sprechen, lassen Sie sich Zeit. „Weniger ist oft mehr!“ Weitschweifige Darstellungen sollten auf jeden Fall unterbleiben. Reden Sie statt dessen kurz und machen Sie sich immer wieder klar, daß zum Reden Pausen gehören, um ein Gespräch zu strukturieren.

Erfahrene Personalfachleute sind gewöhnlich gute Zuhörer und reden selbst wenig. Zur positiven Gestaltung des Gesprächs gehört vor allem das offene und freundliche Ansehen des Gesprächspartners. Halten Sie daher Blickkontakt mit Ihrem Gesprächspartner, das wirkt überzeugend und schafft Vertrauen. Außerdem können Sie an seinem Gesicht ablesen, wie Ihre Aussagen ankommen.

Gegenseitige Blickkontakte und Lächeln sind typische Zeichen von Sympathie. Bewerber, die keinen Blickkontakt suchen und beim Sprechen ständig an die Wand oder aus dem Fenster sehen, wirken unsicher und lösen Zweifel aus.

Der Ablauf des Gesprächs

Für ein ergiebiges Vorstellungsgespräch hat sich in der betrieblichen Praxis ein unentbehrlicher Grundstock von Besprechungspunkten ergeben, die in einer bestimmten Reihenfolge geklärt werden. Weite und Tiefe der zu erörternden Punkte sind von der Bedeutung der Postition und der Qualifikation des Bewerbers abhängig.

Der thematische Aufbau eines Vorstellungsgesprächs ist am einfachsten vergleichbar mit einem Trichter, so lernt man es im Personalwesen: Vom allgemeinen zum speziellen führt der Gesprächsverlauf; ausgehend von Fragen, die die Persönlichkeitssphäre des Bewerbers betreffen, führt das Gespräch zu immer mehr sachlich und fachlich bezogenen Fragen hin. Der Sinn eines derartigen Gesprächsaufbaus besteht darin, die Befangenheit des Bewerbers möglichst bald zu überwinden und natürliche, anfängliche Hemmungen zu beseitigen.

In der Praxis hat sich der folgende thematische Aufbau eines Bewerbungsgesprächs bewährt:

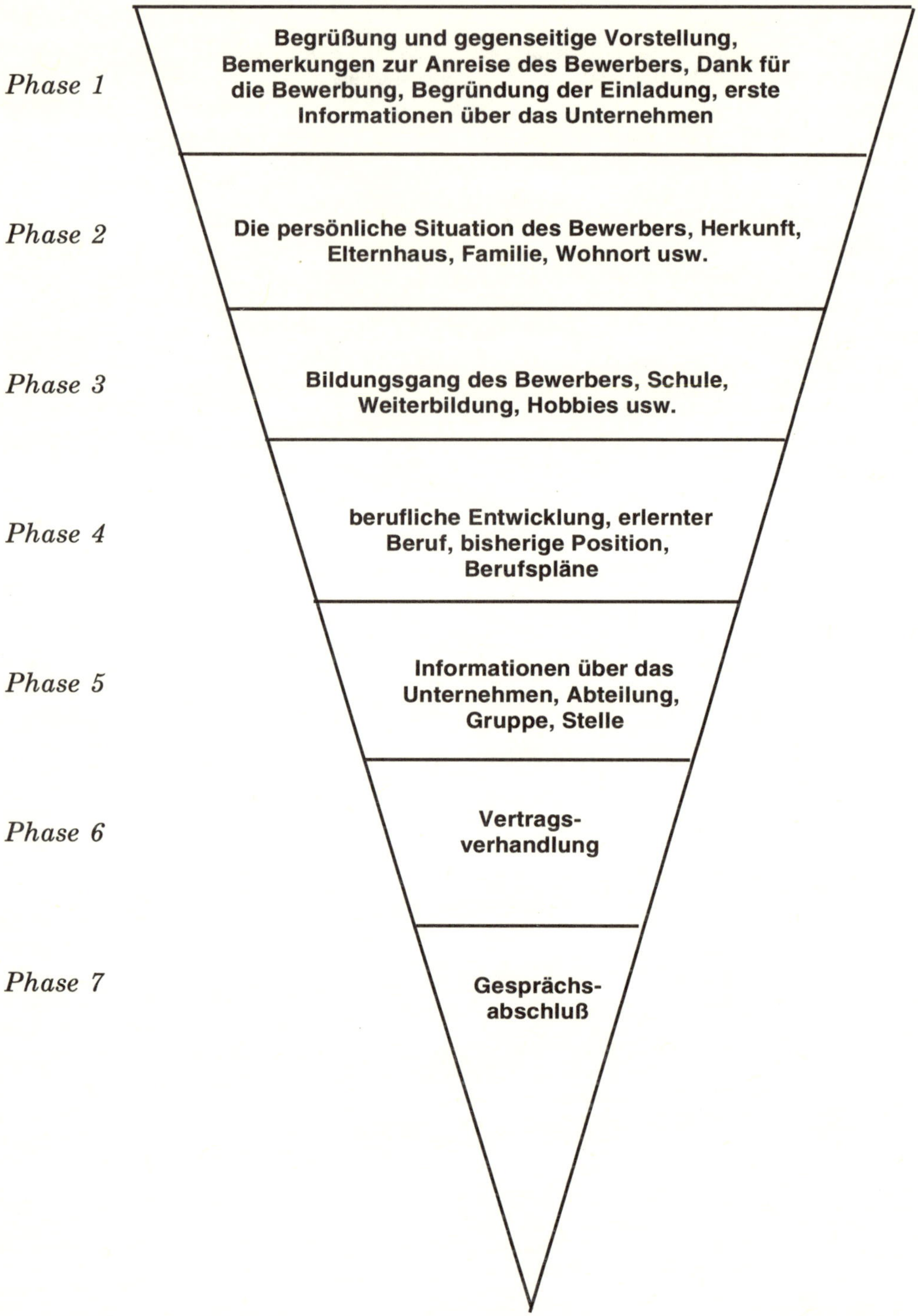
Phase 1
Begrüßung und gegenseitige Vorstellung, Bemerkungen zur Anreise des Bewerbers, Dank für die Bewerbung, Begründung der Einladung, erste Informationen über das Unternehmen
Phase 2
Die persönliche Situation des Bewerbers, Herkunft, Elternhaus, Familie, Wohnort usw.
Phase 3
Bildungsgang des Bewerbers, Schule, Weiterbildung, Hobbies usw.
Phase 4
berufliche Entwicklung, erlernter Beruf, bisherige Position, Berufspläne
Phase 5
Informationen über das Unternehmen, Abteilung, Gruppe, Stelle
Phase 6
Vertrags-verhandlung
Phase 7
Gesprächs-abschluß

Bei einem persönlich gelenkten Interview schafft der Gesprächspartner zuerst eine „Kontaktbrücke", klärt die persönliche Situation des Bewerbers aufgrund der vorliegenden Stellenbeschreibung oder der Bewerbungsunterlagen und stellt danach gezielte Fragen.

In einem Streßinterview dagegen versucht der Gesprächspartner herauszufinden, wie der Bewerber persönlich in den verschiedensten Streßsituationen reagiert. Statt einer Kontaktbrücke würde das Streßinterview einleitend provozierende Fragen vorsehen wie:

„Worauf beruht Ihr Interesse an unserem Unternehmen?" oder:

„Was wissen Sie von unserem Unternehmen?"

Die weitaus meisten Bewerbungsgespräche sind eine Mischung von persönlich gelenktem Interview und Streßinterview. Deshalb ist es immer von größter Bedeutung, sich auf Fragen vorzubereiten, die man als eher unangenehm empfindet oder die einen überraschend treffen können.

Höchst interessant für den Bewerber ist in diesem Zusammenhang auch ein 10-Punkte-Programm, das Personalfachleuten für die Durchführung von Vorstellungsinterviews an die Hand gegeben wird:

1 Es sollte immer genügend Zeit für das Interview zur Verfügung stehen.

2 Das Interview sollte pünktlich beginnen und in einer gelockerten und freundlichen Atmosphäre stattfinden (Einzelraum oder Gesprächsecke im Großraum, angenehme Sitzgelegenheiten)!

3 Im Interview müssen die Abschnitte

- Ausbildung und Schulung
- Berufserfahrung (einschl. Militärdienst)
- Kindheit und Herkunft
- familiäre und gesellschaftliche Situation
- finanzielle Lage
- Gesundheit

besprochen werden.

4 Der Interviewer sollte hauptsächlich den Bewerber sprechen lassen, dabei jedoch die Führung des Interviews behalten.

5 Wo es wichtig ist, sollten genaue Zeitangaben im Lebenslauf verlangt, sowie Widersprüche sorgfältig überprüft und geklärt werden.

6 Fragen im Prüfungsstil und Suggestivfragen sind zu vermeiden.

7 Persönliche Fragen sind ebenso wichtig wie fachliche Fragen. Selbstbekenntnisse sind jedoch mit Vorsicht aufzunehmen!

8 Urteile des Bewerbers über andere sind besonders aufschlußreich.

9 Der Interviewer sollte es vermeiden, Kritik oder Zustimmung zu den Aussagen des Bewerbers zu äußern.

10 Der Interviewer sollte dem Bewerber nie die Gründe für seine bereits feststehende Ablehnung bekanntgeben. Das Interview soll mit einer positiven Note enden.

Der Bewerber, der sich diese Regeln zu Herzen nimmt, wird darin eine Hilfe finden, ganz bestimmte und nicht seltene Fehler zu vermeiden.

Überraschende Fragen an den Bewerber

Häufig reagieren Bewerber auf einfache Fragen sehr ungeschickt und kompliziert. Um den Umgang mit dieser beliebten Art von Fragen zu lernen, arbeiten Sie die folgenden Seiten durch, indem Sie sich zu den Fragen Ihre persönlichen Notizen machen.

☛ *Hinweis:* *Zum besseren Verständnis sind in Klammern einige Hinweise und Hintergrundinformationen angegeben, die zeigen, was man wirklich erfragen will.*

Setzen Sie sich mit den Fragen auseinander, und prüfen Sie eingehend die Themen, wo Sie bei der Beantwortung bereits jetzt Hemmungen, Aggressionen oder Widerstände spüren.

Denken Sie daran, daß Ihr Gesprächspartner überall dort insistieren wird, wo er Widerstand, Ausflüchte oder Unwahrheiten vermutet.

Fragen zur persönlichen, familiären, gesellschaftlichen Situation

1 **Welche Hobbys haben Sie?**
Besitzen Sie einen wünschenswerten Ausgleich? Ist Ihr Hobby mit Gefahren verbunden? Kostet es Sie zuviel Zeit oder auch Geld?

2 **Wo würden Sie am liebsten leben?**
Besteht die Gefahr, daß Sie „abwandern"? Oder sind Sie sehr eng mit Ihrem Heimatort verbunden und damit wenig mobil.

3 **Wie lange sind Sie verheiratet? Wie verstehen Sie sich mit Ihrem Partner / Ihrer Partnerin?**
Leben Sie in harmonischen privaten Verhältnissen? Bekommen Sie positive Impulse durch Ihre Ehe bzw. Partnerschaft oder eher negative? Sind Sie vielleicht in einer emotionalen Krise?

4 **Haben Sie Kinder?**
Wenn man Kinder hat, wechselt man nicht so häufig den Arbeitsplatz. Andererseits ist man natürlich auch nicht so mobil, weil die Kinder zur Schule gehen.

5 **Haben Sie ein Auto? Welcher Typ? Sind Sie damit zufrieden?**
Ist Ihr Auto für Sie ein Statussymbol? Leben Sie vielleicht durch Ihr Auto über Ihre Verhältnisse?

6 **Sind Sie in Vereinen oder Organisationen tätig?**
Sind Sie jemand, der sich engagiert? Besitzen Sie Organisationstalent? Sind Sie kontaktbereit bzw. kontaktfreudig? Sind Sie Mitglied in einer Gewerkschaft oder Partei?

7 **Haben Sie Vorbilder, Menschen, deren Verhalten Sie nachahmenswert finden?**
Welche Werte sind Ihnen wichtig? Orientieren Sie sich auch an anderen?

Fragen zum Bildungs- und Berufsweg

1 **Welche Schulen haben Sie besucht?**
Haben Sie häufig gewechselt? Wenn ja, aus welchen Gründen? Liegen die Gründe bei Ihnen oder sind „die anderen" schuld?

2 **Welche Fächer haben Sie in der Schule gerne gehabt, welche lagen Ihnen weniger?**
Hatten Sie schon frühzeitig spezielle Neigungen oder Begabungen? Haben Sie die Fachbereiche, die für die angebotene Arbeit relevant sind, bevorzugt oder abgelehnt?

3 **Was würden Sie lernen oder studieren, wenn Sie es heute entscheiden könnten?**
Sind Sie mit Ihrer Berufswahl zufrieden? Stehen Sie zu Ihrer früheren Entscheidung? Oder haben Sie heute andere Wünsche? Warum verwirklichen Sie diese nicht?

4 **Halten Sie Ihren Ausbildungs- bzw. Berufsweg für konsequent?**
Stehen Sie zu Ihrem Werdegang? Wie positiv können Sie Abweichungen in Ihrer Karriere darstellen?
Welche Begründungen haben Sie für eventuelle „Karriere-Knicks"?)

5 **Haben sich Ihre Erwartungen im beruflichen Bereich erfüllt?**
Haben Sie vielleicht resigniert?
Sind Sie positiv eingestellt? Versuchen Sie Ihre Ziele durchzusetzen?

6 **Was hat Ihnen bei Ihrer letzten Tätigkeit am meisten, was hat Ihnen am wenigsten gefallen?**
Haben Sie Elan? Kann man Sie begeistern? Wo sind Ihre Schwachpunkte? Wo liegen vielleicht die Gründe für Ihre Kündigung bei der letzten Firma?

7 **Wie war die Zusammenarbeit mit Kollegen und Vorgesetzten?**
Kommen Sie gut mit anderen aus?
Sprechen Sie negativ über frühere Vorgesetzte? Oder relativieren Sie Ihre Erfahrungen?

8 **Warum haben Sie so oft gewechselt?**
Überlegen Sie genau, wie Sie die Stellenwechsel darstellen, ohne sich und andere unbedingt in ein negatives Licht zu rücken!

9 **Warum haben Sie noch nie gewechselt?**
Scheuen Sie Risiken oder sind Sie unbeweglich? Haben Sie Schwierigkeiten sich zu verkaufen? Fehlt Ihnen die nötige Flexibilität?

10 **Haben Sie bei Ihrer bisherigen Arbeit neue Ideen vorgetragen und verwirklicht?**
Welche Ideen? Sind Sie ein kreativer Mensch? Denken Sie mit?
Machen Sie sich für Dinge stark oder geben Sie zu schnell auf? Können Sie Impulse geben?

Fragen über das Unternehmen

1 **Welche Aussage in unserer Anzeige hat Sie besonders angesprochen?**
Haben Sie die Schwerpunkte herausgelesen und verstanden, worum es dem Unternehmen geht bei der Neubesetzung der Stelle?

2 **Woher haben Sie erfahren, daß diese Position frei ist?**
Sind Sie bei der Suche nach einem Arbeitsplatz aktiv gewesen? Sind Sie vielleicht auch unkonventionelle Wege gegangen?

3 **Was wissen Sie über unser Unternehmen?**
Sind Sie informiert? Ist Ihr Interesse an der Stelle echt oder haken Sie nur eine Bewerbungsliste ab? Gehen Sie zielbewußt vor?

4 **Haben Sie sich schon einmal bei uns beworben?**
Wenn ja, warum erfolgte keine Einstellung? Welche Beweggründe haben Sie für die Erneuerung der Bewerbung?

Fragen zur Selbsteinschätzung und Motivation

1 **Was ist Ihnen bei einem Arbeitsplatz besonders wichtig?**
Wie bedeutsam sind für Sie materielle Aspekte? Lassen Sie sich durch eine interessante Aufgabe motivieren?

2 **Welche Aufgaben möchten Sie gerne übernehmen?**
Überschätzen Sie sich vielleicht oder unterschätzen Sie sich? Stehen die Aufgaben in einem vernünftigen Verhältnis zu Ihrem beruflichen Werdegang?

3 **Weshalb haben Sie sich gerade für diese Stelle beworben?**
Sind Sie nur auf der Suche nach einem Job? Haben Sie sich mit dem Produkt, dem entsprechenden Markt und den Zielen vertraut gemacht?

4 **Welche Erwartungen haben Sie an zukünftige Kollegen und Chefs?**
Sind Sie tatsächlich an Kollegialität, Betriebsklima und Hilfestellung interessiert? Schätzen Sie einen Vorgesetzten, von dem Sie etwas lernen können? Sind Sie Ihren Kollegen gegenüber hilfsbereit? Lassen Sie sich helfen? Sind Sie „teamfähig“?

5 **Wie lange wollen Sie bei uns bleiben?**
Wie wichtig ist Ihnen ein langfristiges Arbeitsverhältnis? Wie entscheidend sind für Sie die Chancen und Möglichkeiten, die man Ihnen bietet?

6 **Unter welchen Bedingungen arbeiten Sie am liebsten?**
Sind Sie vielleicht zu starr in Ihren Vorstellungen? Wo liegen bei Ihnen Stärken und Schwächen? Was machen Sie nicht so gern? Hier ist Vorsicht angesagt: Was ist, wenn Sie diese Bedingungen nicht vorfinden?

7 **Was qualifiziert Sie Ihrer Meinung nach für diese Stelle?**
Haben Sie sich wirklich mit den Möglichkeiten auseinandergesetzt, die Ihnen die Firma mit der Stelle gibt? Wie steht es um Ihre Leistungsbereitschaft? Welche Arbeitsmoral haben Sie? Sind Sie zielstrebig, haben Sie Ausdauer und sind Sie fleißig?

9 Wie würden Sie sich selbst charakterisieren?
Wie steht es um Ihr Selbstvertrauen und wie stark ist Ihr Selbstbewußtsein? Zweifeln Sie an sich selbst und werden Sie so vielleicht zu einem Problemfall in der Firma?

10 Was waren in Ihrem Leben die größten Erfolge? Was waren Ihre größten Mißerfolge?
Ist Ihnen praktisch alles „in den Schoß gefallen", oder waren Erfolge in Ihrem Leben auf Ihren Einsatz, Ihr Engagement zurückzuführen? Haben Sie sich das erarbeitet? Wie sind Sie mit Mißerfolgen fertiggeworden?

11 Arbeiten Sie lieber allein oder lieber im Team? Warum?
Sind Sie ein zurückhaltender Mensch oder sind Sie eher als extrovertiert einzuschätzen? Sind Sie in einem gewissen Umfang zur Anpassung bereit? Können Sie sich einordnen?

Fragen, die der Bewerber stellen sollte

Der Bewerber selbst muß sich natürlich auch fragen, was für ihn in der neuen Position, im Unternehmen und in der Zusammenarbeit mit Kollegen wichtig ist.

Die nachfolgend aufgeführten Fragen sollen für den Bewerber Orientierungshilfe sein, sie sollten dann gestellt werden, wenn sie im vorangegangenen Gespräch nicht oder für den Bewerber nicht erschöpfend beantwortet wurden.

1 Was gehört in dieser Position im Einzelnen zu meinen **Aufgaben**?

2 Wofür bin ich zuständig, wo sind meine **Kompetenzen**?

3 Wem bin ich unterstellt, wer ist mein **Vorgesetzter**?

4 Wird im Vertrag eine **Probezeit** vereinbart, wie lange dauert diese?

5 Wann wäre der **Eintrittstermin**?

6 Welche **Kündigungsfristen** gelten für den Stelleninhaber?

7 Welche **sozialen Leistungen** zahlt das Unternehmen?

8 Habe ich die Möglichkeit, mich einzuarbeiten? Wie erfolgt die **Einarbeitung**?

9 Ist es möglich, daß ich meinen zukünftigen **Arbeitsplatz** sehen kann?

10 Warum wird die Stelle **neu besetzt** bzw. **geschaffen**?

11 Habe ich in der angestrebten Position **Aufstiegschancen** und **Entwicklungsmöglichkeiten**?

12 Wie groß ist die **Arbeitsgruppe**, in der ich eingesetzt bin?

13 Kann ich die **Stellenbeschreibung** einsehen?

14 Wie ist die **Arbeitszeit** geregelt? Gibt es gleitende Arbeitszeit?

15 Wie lange ist der **Urlaub** und gibt es Betriebsferien?

16 Welche **Aus- und Weiterbildungsmöglichkeiten** bietet das Unternehmen?

17 Gibt es im Unternehmen bestimmte **Führungsrichtlinien**?

18 Bietet das Unternehmen Möglichkeiten zur **sportlichen Betätigung** in der Freizeit?

19 Wie hoch ist das **Gehalt**?

20 Wie sind im Unternehmen **Weihnachtsgeld, Urlaubsgeld** und **Überstundenvergütung** geregelt?

21 Gibt es die Möglichkeit, ein **Firmenfahrzeug** zu bekommen?

22 Wie ist die Erstattung von **Kilometergeld** geregelt?

Das schwierige Thema — Geld

Die Gehaltsfrage ist eine der wichtigsten, aber zugleich schwierigsten Fragen. Jeder will natürlich mehr als bisher verdienen. Aber wie soll man reagieren, wenn man aufgefordert wird, seine Wünsche zu präzisieren?

Grundsätzlich muß man dazu zunächst einmal über das Gehaltsniveau allgemein und für die angestrebte Position im besonderen informiert sein. Es ist wichtig, daß man seinen Preis kennt. Mehrmals im Laufe des Jahres veröffentlichen Fachzeitschriften und Wirtschaftsjournale Informationen über Gehälter in verschiedenen Branchen. Ansonsten erhalten Sie Informationen über Tarifgehälter, Gehaltsrahmen und Sonderleistungen von den jeweiligen Gewerkschaften, Industrie- und Handelskammern, Verbänden und Interessengemeinschaften.

Prüfen Sie auch, ob in entsprechenden Stellenangeboten Auskunft über Gehälter gegeben wird!

Um ein optimales Gehalt auszuhandeln, müssen unbedingt drei Grundvoraussetzungen erfüllt sein:

1 Sie müssen Ihren Wert richtig einschätzen können und sich völlig klar darüber sein, was Sie anzubieten haben.

2 Sie müssen unbedingt wissen, wieviele Gehälter gezahlt werden.

3 Sie müssen so genau wie möglich über die Firma, bei der Sie sich bewerben, informiert sein.

Eine Gehaltsverhandlung setzt immer voraus, daß man vorher rechnet. Das gilt für den Arbeitgeber genau so wie für den Arbeitnehmer. Als Bewerber sollte man sich vorher für seine Gehaltsforderung auch ausrechnen, wie 13 oder 14 Gehälter im Jahr sich auf das monatliche Einkommen auswirken.

Wenn Ihr Gesprächspartner versucht, Sie im Gehaltsgespräch zu drücken, müssen Sie auf jeden Fall präzise argumentieren können, warum Sie ein bestimmtes Gehalt haben wollen. Bleiben Sie kühl, und lassen Sie deutlich erkennen, daß Sie nicht gewillt sind, Ihre Arbeitskraft und Ihre Fähigkeiten unter Wert zu verkaufen. Berücksichtigen Sie aber auch, daß Ihr Gesprächspartner häufig wenig oder keinen Spielraum hat, um Ihre Forderungen zu erfüllen.

Außerdem sagt das Gehalt allein noch nicht viel aus. Um ein Angebot richtig beurteilen zu können, müssen Sie auch die übrigen Leistungen der Firma kennen, etwa betriebliche Altersversorgung, Fahrkostenzuschüsse, Essens-, Urlaubsgeld.

Noch einige weitere Ratschläge für das Gehaltsgespräch:

1 Legen Sie sich nicht schon im Bewerbungsschreiben fest, wenn Sie aufgefordert werden, Gehaltsvorstellungen anzugeben.

2 Verschießen Sie Ihr Pulver nicht zu früh! Geben sie Ihre Gehaltsvorstellungen erst an, wenn Sie die entscheidenden Informationen über die Firma und Ihre Aufgabe haben.

3 Seien Sie mit ihrer Forderung flexibel, denn Starrheit schadet nur.

4 Sagen Sie die Wahrheit, wenn sie Ihr derzeitiges Einkommen angeben sollen. Täuschungen und Halbwahrheiten werfen ein schlechtes Licht auf Ihre Person.

5 Zeigen Sie auch im Gehaltsgespräch Gelassenheit. Stellen Sie das Geld nicht in den Mittelpunkt. Man nimmt es Ihnen übel, wenn Ihre Gedanken offensichtlich nur um das Geld kreisen.

6 Und denken Sie zum Schluß daran: Ihr Verhandlungspartner will Ihre Arbeitskraft möglichst billig einkaufen. Sie wollen sich möglichst teuer verkaufen. Beides ist legitim. Nur durch überzeugende Argumente können Sie Ihr Ziel weitgehend erreichen.

Strategien

Ohne eine Strategie kann man als Bewerber nicht mit der nötigen Sicherheit in eine Gehaltsverhandlung hineingehen. Das dürfte aus dem bisher Gesagten deutlich geworden sein. Drei Beispiele sollen ihnen mögliche Strategien für eine Gehaltsverhandlung verdeutlichen.

A. Funktionale Strategie

Arbeiten Sie mit Erlebniswelten, die der Interviewer versteht. Lassen Sie ihm Zeit, damit er sich auf Ihre Gehaltsforderung vorbereiten kann.

1. Stufe:
... natürlich braucht meine Familie einen bestimmten Betrag zum Leben.

2. Stufe:
... als Außendienstmitarbeiter repräsentiere ich Ihre Firma nach außen, das heißt ich muß entsprechend gekleidet sein...

3. Stufe:
... darüber hinaus muß das Gehalt noch einen ständigen Leistungsanreiz bieten...

☛ *Fazit:* *Wenn ich mir diese drei Dinge überlege, muß ich wenigstens XXX DM verdienen.*

B. Strategie des Vertrauens

Wenn ein Bewerber zum Beispiel gewisse Zugeständnisse machen muß, weil er länger arbeitslos gewesen ist, könnte diese Methode eine mögliche Hilfe sein:

1. Stufe:
obwohl ich X Jahre Berufserfahrung habe, weiß ich, daß ich vorübergehend nicht das Gehalt bekommen kann, das meiner Arbeitskraft ganz gerecht wird.

2. Stufe:
...nachdem ich mit Ihnen gesprochen habe, habe ich Vertrauen zu Ihnen und bin sicher, das „Gehalt“ zu bekommen, das mir zusteht.

C. Tarifstrategie

Diese Möglichkeit bietet sich jedem an, der in einem Beruf arbeitet, dessen Bezahlung tariflich abgesichert ist. Vorausgesetzt, daß man den entsprechenden geltenden Tarif kennt, kann man sich auf dieser Basis zuerst einmal begegnen.

1. Stufe:
... da Sie tariflich gebunden sind, werden Sie mich im Rahmen Ihres Gehaltsgefüges in die mir entsprechende Tarifstufe einordnen.

2. Stufe:
... aufgrund meiner Ausbildung und meiner xjährigen Berufserfahrung bin ich in der Tarifgruppe X einzustufen und rechne mit einem monatlichen Bruttoeinkommen von DM XXX.

Zulässige und unzulässige Fragen

Zum Schluß noch einige wichtige rechtliche Aspekte des Vorstellungsgesprächs. Der Arbeitgeber hat ein Interesse daran, sich bei der Vorstellung des Bewerbers über dessen persönliche Verhältnisse zu informieren. Er hat eine Fragerecht. Allerdings darf er nach geltender Rechtsprechung nur solche Fragen stellen, die mit dem Arbeitsplatz oder der zu leistenden Arbeit in Zusammenhang stehen.

Der Bewerber hat dem gegenüber ein Recht darauf, seine Intimsphäre zu schützen. Deshalb braucht er unzulässige Fragen grundsätzlich nicht zu beantworten. Da aber die Verweigerung einer Antwort zeigen würde, daß sie dem Bewerber schadet, ist es ihm gestattet, unzulässige Fragen bewußt falsch zu beantworten. Dabei hat er keinerlei rechtliche Konsequenzen zu befürchten. Es handelt sich also um ein verbrieftes Recht zur Lüge. Nur auf diese rechtlich abgesicherte Weise ist es dem Bewerber letztendlich möglich, seine Intimsphäre vor unzulässigen Fragen zu schützen.

Juristisch gesehen geht es beim Fragerecht um die rechtlichen Folgen einer vorsätzlichen falschen Antwort. Der Arbeitgeber kann einen Arbeitsvertrag immer dann anfechten, wenn:

- die Frage zulässig war und
- der Bewerber die Frage bewußt falsch beantwortet hat und

- der Bewerber wissen oder erkennen mußte, daß die von ihm verschwiegene Tatsache für die Einstellungsentscheidung von ausschlaggebender Bedeutung sein kann, und

- die verschwiegene Tatsache für die Einstellung des Bewerbers ursächlich war.

Nur für den Fall, daß alle Voraussetzungen gleichzeitig erfüllt sind, kann der Arbeitgeber den Arbeitsvertrag anfechten und gegebenenfalls Schadensersatzansprüche erheben. Das Anfechtungsrecht wirkt dann wie eine fristlose Kündigung, führt zur sofortigen Beendigung des Arbeitsverhältnisses und ist nicht den Beschränkungen des Kündigungsrechtes unterworfen.

Hat ein Bewerber vorsätzlich falsch auf zulässige Fragen geantwortet, kann es auch zu einer Bestrafung wegen Anstellungsbetrugs kommen und zu einer Schadensersatzklage.

Deshalb sollte sich jeder Bewerber vorher darüber informieren, welche Fragen zulässig sind und damit auch wahrheitsgemäß beantwortet werden müssen, und welche Fragen unzulässig sind.

Dabei gilt grundsätzlich folgendes: Nach der Rechtsprechung sind alle Fragen, die die private Sphäre des Bewerbers berühren, grundsätzlich unzulässig. Von diesem Grundsatz gibt es allerdings Ausnahmen, wenn nämlich die Fragen im Hinblick auf das zu begründende Arbeitsverhältnis objektiv erforderlich sind.

Im einzelnen steht in folgenden wichtigen Bereichen das Problem der Zulässigkeit von Fragen im Vordergrund. Es handelt sich also um häufige Probleme aus der Praxis.

Persönliche Verhältnisse

Die meisten Fragen aus dem familiären Bereich sind unzulässig, weil sie der Privatsphäre angehören. Die Frage nach dem Familienstand ist folgendermaßen geregelt: Während man angeben muß, ob man ledig, verheiratet oder verwitwet ist, braucht man eine Scheidung nicht mitzuteilen. Ein geschiedener Bewerber darf ohne rechtliche Konsequenzen als Familienstand „ledig“ angeben.

Die Frage an weibliche Bewerber, ob sie demnächst heiraten wollen, ist unzulässig.

Beruf

Fragen zur Ausbildung müssen grundsätzlich wahrheitsgemäß beantwortet werden, bisherige Beschäftigungen müssen lückenlos angegeben werden. Dabei darf der Arbeitgeber nach der Dauer der Beschäftigung, Namen, Art und Sitz der Unternehmen und den einzelnen Positionen fragen.

Außerdem gilt: Nur die Frage nach dem jetzigen Grund für einen Arbeitsplatzwechsel und die Frage nach dem letzten Gehalt ist zulässig und wahrheitsgemäß zu beantworten.

Gesundheit

Fragen nach früheren oder noch bestehenden Krankheiten sind nur eingeschränkt zugelassen. Angeben muß der Bewerber nach allgemeiner Rechtsauffassung nur die Krankheiten, die für die angestrebte Position von Belang sind, weil sie z.B. die Arbeitsleistung beeinträchtigen.

Das gilt auch für Herzkranke und Alkoholkranke, die auch ungefragt im eigenen Interesse im Gespräch auf ihre Krankheit hinweisen sollten.

Ist dem Bewerber der Antrittstermin einer Kur bekannt, so hat er im Vorstellungsgespräch ungefragt darauf hinzuweisen.

Schwerbehinderteneigenschaft

Da der Arbeitgeber besondere gesetzliche Verpflichtungen auf sich nimmt, ist diese Frage grundsätzlich zulässig.

Schwangerschaft

Die Frage nach bestehender Schwangerschaft ist zulässig, die Antwort muß also wahrheitsgemäß sein. Wird eine Bewerberin nicht ausdrücklich gefragt, braucht sie es nicht anzugeben, außer wenn sie an der Ausübung ihres Berufs (z.B. Mannequins, Tänzerin, Schauspielerin o.ä.) infolge der Schwangerschaft gehindert wird. Ist eine Stelle ausdrücklich für männliche und weibliche Bewerber ausgeschrieben, darf die Frau gar nicht nach einer bestehenden Schwangerschaft gefragt werden.

Die Forderung des Arbeitgebers nach einem Nicht-Schwangerschaftsattest ist unberechtigt, ebenso sind Fragen nach Empfängnisverhütung oder etwa auch dem letzten Geschlechtsverkehr unzulässig, auch dann, wenn der Arbeitgeber sie durch den Werksarzt stellen läßt.

Vermögensverhältnisse

Fragen nach Schulden sind generell unzulässig, das gilt für Fragen nach Lohnpfändungen, -abtretungen, Unterhaltsverpflichtungen genau so wie für die Frage nach der Leistung eines Offenbarungseides.

Lediglich leitende Angstellte, die sich um eine besondere Vertrauensstellung bewerben, müssen sich nach ihren Vermögensverhältnissen fragen lassen.

Vorstrafen / Ermittlungsverfahren

Fragen danach sind nicht zulässig. Allenfalls kann nach solchen Strafen gefragt werden, wenn sie für die zu übernehmende Tätigkeit als einschlägig anzusehen sind: Ein Kassierer darf nach vermögensrechtlichen Vorstrafen, ein Kraftfahrer nach verkehrsrechtlichen und ein Angestellter des Verfassungsschutzes nach Vorstrafen auf politischem Gebiet gefragt werden.

Ist eine Vorstrafe aus dem Strafregister getilgt oder unterliegt sie nur noch der beschränkten Auskunft, brauchen keine Angaben gemacht werden bzw. kann sich der Bewerber als unbestraft ausgeben.

Fragen nach laufenden, eingeleiteten, eingestellten oder wieder aufgenommenen Verfahren sind rechtswidrig und dürfen falsch beantwortet werden.

Wehrdienst

Fragen nach absolviertem Wehrdienst, einer bereits erfolgten oder demnächst anstehenden Einberufung muß der Bewerber wahrheitsgemäß beantworten.

Religions-, Partei- und Gewerkschaftszugehörigkeit

Fragen zu diesen Bereichen sind unzulässig, es sei denn, der Arbeitgeber weist nach, daß die Beantwortung dieser Frage von grundsätzlicher Bedeutung für die Funktion auf der zu besetzenden Stelle ist.

So ist bei Bewerbern für das Amt eines Staatssekretärs oder Ministerialdirektors die Frage nach der Parteizugehörigkeit erlaubt. Den Kirchen ist als Arbeitgeber grundsätzlich, vom Bundesverfassungsgericht bestätigt, das Recht zuerkannt, nach der Religionszugehörigkeit und aktiven Teilnahme am kirchlichen Leben zu stellen.

Praktische Arbeitsschritte

Übung 41

Mündlicher Vortrag

Wiederholen Sie möglichst oft die folgende Übung, um besser mit der Angst fertig zu werden:

Schneiden Sie aus der Zeitung kleine Artikel mit knappen Berichten (etwa 10 Zeilen) von möglichst ausgefallenen Ereignissen verschiedenster Art aus. Lesen Sie zur Übung in Ruhe irgendeinen Artikel durch, den Sie nicht lange ausgesucht haben und geben Sie mit Ihren Worten den Inhalt möglichst vor einer Gruppe wieder. Setzen Sie sich dabei nicht unter irgendeinen Zeitdruck.

Treffen Sie vor dem Vortrag für sich eine Entscheidung, wie Sie den Inhalt weitergeben wollen. Ein lustiges Ereignis sollte lustig weitergegeben werden, ein trauriges mit dem nötigen Ernst usw.

Lassen Sie sich anschließend kritisieren: Sprache, Gestik, Mimik, Inhalt und Kongruenz (Waren Sie echt?).

Übung 42

Unangenehme Fragen

Schauen Sie Ihren Lebenslauf noch einmal genau durch, und notieren Sie sich auf einem Blatt die unangenehmen Fragen, die sich daraus für Sie ergeben. Lassen Sie sich bei dieser Analyse von anderen helfen, denn manche Fragen erkennt man selbst nicht.

☛ *Hinweis:* *Nehmen Sie die Angaben in Kapitel 8 dieses Buches dabei zu Hilfe.*

Schreiben Sie sich Hinweise für die Beantwortung auf.

Übung 43

Ein Vorstellungsgespräch zur Analyse

Lesen Sie den nachstehenden Dialog sorgfältig durch. Achten Sie dabei auch auf vermeintliche Nebensächlichkeiten und auf alles, was während des Gespräches passiert.

Stellen Sie mit Hilfe der Informationen dieses Kapitels die Fehler zusammen; schreiben Sie sich aber auch die guten „Schachzüge“ auf.

☛ *Hinweis:* *Bei diesem Dialog handelt es sich um eine nachträgliche Niederschrift eines Bewerbungsgespräches, das tatsächlich so stattgefunden hat.*

Dialog

Gesprächspartner

Herr Krüger, Firmeninhaber	Herr Braun, Bewerber
	(wird von Sekretärin hereingeführt) Gestatten, Benno Braun.
Guten Morgen, Herr Braun. Ich heiße Krüger. Nehmen Sie Platz!	Besten Dank, Herr!
Ich haben hier Ihre Unterlagen. Da bleiben noch ein paar Fragen. Ich sehe hier...	Fagen Sie nur zu. Ich habe nichts zu verbergen.
Ich sehe hier: Sie haben die Realschule nach der 8. Klasse verlassen. Wie erklärt sich das?	Ach das, ja wissen Sie. Ich war damals in schlechte Gesellschaft geraten: Wenn es nach mir gegangen wäre, hätte ich sogar Abitur gemacht. Aber Sie kennen das ja. Umwelteinflüsse. Manchmal stärker als gute Anlagen. Davon habe ich aber reichlich. Ich denke, wenn ich erst einmal diese Stelle habe, werde ich auch noch Zeit für Fortbildung haben. Vielleicht mache ich den mittleren Abschluß noch nach.
Und wie stellen Sie sich diese Fortbildung genau vor?	Das habe ich eigentlich noch nicht so genau überlegt. Aber ich hab 'mal 'nen Kollegen gehabt. Der hat 'ne Abendschule besucht. Deutsch verbessern, Rechnen. Oder: wie man gut redet. Und Englisch auch. Ich singe auch gerne, nach der Arbeit. Ich denke an einen Gesangverein. Die machen Touren, ins Ausland. Reisen bildet. Wissen Sie. Und dann...

Lassen wir das einmal. Sie haben also bisher bei der Firma Busch als Lagerist gearbeitet. Warum wollen Sie nun die Stelle wechseln?

Ja also, das ist so. Wenn ich mal ganz ehrlich bin. Da konnte ich nicht genug verdienen. Der Chef hatte versprochen, bei guter Arbeit Lohnerhöhung und Zulagen, Prämien. Hat er aber nicht gehalten. Auch das Betriebsklima hat mir da nicht so zugesagt. Als Lagerist hat man ja 'ne Verantwortung. Und deshalb hab ich den anderen schon mal was gesagt. Muß eine Führungspersönlichkeit ja auch. Aber die waren dann immer so komisch zu mir. An sich bin ich sehr beliebt und gesellig. Aber bei den Leuten konnte ich meine Persönlichkeit nie so richtig entfalten (kramt Zigaretten heraus, bietet Krüger eine an).

Nein, danke, ich rauche nicht.

(steckt sich selbst eine Zigarette an. Fragt danach): Sie gestatten?

(ruft seine Sekretärin an): Fräulein Adams, einen Aschenbecher bitte. — Ihre bisherige Firma ist in der Branche bekannt für ihre Forschungs- und Entwicklungsabteilung. Haben Sie sich mal dafür interessiert, an welchen Aufgaben da zur Zeit gearbeitet wird? Ich meine, das müßte doch im Hinblick auf Ihre eigene Arbeit wichtig sein.

Offen gestanden, an sich habe ich mich um ungelegte Eier nie gekümmert. Ich habe mit den Sachen ja erst am Lager zu tun, wenn sie fertig sind. Aber man hört doch immer 'mal was läuten. Neulich war z.B. die Rede davon, daß die neue Armaturen rausbringen wollen. So Druckventile mit 'ner neuen Art von hydraulischer Absperrung; automatisch. Mit elektronischer Kontrolle. Das soll vor allem für Auslandsgeschäfte sein. Die wollen in Ölländer dick einsteigen.

Vergessen wir das mal. Zurück zu Ihnen. Eigentlich hätte Sie das doch persönlich brennend interessieren müssen, denn jede Produktionserweiterung oder ein Ausbau des Sortiments bedeutet doch auch

Erweiterung Ihres Aufgabenbereiches. Damit ist doch auch leicht eine Positionsverbesserung verbunden.	Bei Ihnen vielleicht. Aber bei Busch heißt das wohl nur mehr Arbeit, Überstunden, Sonderschichten. Und ob man damit aufsteigen kann, im Gehalt, meine ich, und mit Autorität, ist gar nicht so sicher. Da muß man sogar damit rechnen, daß die einem einen vor die Nase setzen. Wie wäre es denn hier? Kann ich die Gesamtleitung des Lagers kriegen?
So einfach geht das nicht. Sie wissen, daß es noch andere Bewerber gibt. Wir müssen erst alle Unterlagen auswerten.	Soll ich nicht doch lieber noch mal nachfragen? Vielleicht per Telefon?
(steht auf. Braun bleibt noch sitzen): Nein, das ist nicht nötig. Sie bekommen zum gegebenen Zeitpunkt Nachricht von uns.	(Steht zögernd auf. Reicht Krüger die Hand) Dann kann man nichts machen. Es war mir angenehm, Sie kennengelernt zu haben. Bis bald dann.
Guten Tag.	

Übung 44

Selbstsicherheits-Training

Um mehr Selbstsicherheit im Bewerbungsgespräch zu erlangen, wird in diesem Praxisschritt ein Training angeregt.

Dabei geht es zum einen um eine wirkliche Entspannung des ganzen Körpers und zum anderen um einen formelhaften Vorsatz.

Mit Hilfe solcher formelhaften Vorsätze können Sie viele Problembereiche angehen. Sie können Ihren Schwerpunkt auf den Abbau von Angst oder auf das Einüben von selbstsicherem und beweglichem Verhalten während des Vorstellungsgesprächs legen. Vor dem ersten aktiven Einsatz des mentalen Trainings ist es aber für Sie wichtig, zuerst einmal die Entspannung zu erlernen.

☛ *Hinweis:* *Sehr entscheidend für das Wirksamwerden der Übungen ist ein regelmäßiges Training. Je konsequenter Sie sich an festgelegte Zeiten halten, desto besser.*

Üben Sie wenigstens einmal täglich, möglichst aber zweimal, und zwar am selben Ort, zur selben Zeit und an derselben Stelle Ihres Tagesablaufs. Nach einer Einübungszeit werden etwa fünf Sitzungen vor einem Bewerbungsgespräch genügen.

Als Körperhaltung schlage ich Ihnen die Rückenlage vor, da beim Liegen die Entspannung vertieft wird. Legen Sie sich auf eine Matratze, eine Schaumstoffmatte oder eine mehrfach gefaltete Wolldecke. Ihre Arme liegen seitlich neben Ihrem Körper, die Beine sind leicht angewinkelt und werden in den Kniekehlen durch eine Nackenrolle, ein Kissen oder auch eine zusammengerollte Decke unterstützt. Dasselbe gilt für Nacken und Kopf.

Achten Sie auf bequeme Kleidung!

☛ *Aufgabe* *Führen Sie die Entspannungsübung durch, indem Sie sich auf die folgenden Vorsätze einlassen. Lesen Sie sich die Formeln zunächst langsam und bedächtig vor.*

Prägen Sie sich die monoton wirkenden kurzen Sätze ein, bevor Sie die Übung mit geschlossenen Augen durchführen.

☛ *Alternative* *Man kann sich die Vorsätze auch auf Tonband langsam und rhythmisch sprechen oder sprechen lassen.*

- Ich bin ganz ruhig.
- Geräusche sind ganz gleichgültig.
- Mein rechter Arm ist schwer.
- Mein linker Arm ist schwer.
- Beide Arme sind ganz schwer.
- Die Beine sind ganz schwer.
- Alle Glieder sind ganz schwer.
- (Stellen Sie sich das Gefühl der Schwere bildhaft vor; konzentrieren Sie sich ganz auf dieses Gefühl.)

PAUSE

- Geräusche sind ganz gleichgültig.
- Der rechte Arm ist schwer.
- Der linke Arm ist schwer.
- Beide Arme sind schwer.
- Die Beine sind schwer.
- Alle Glieder sind schwer.

PAUSE

- Ich bin ganz ruhig.
- Geräusche sind ganz gleichgültig.
- Der rechte Arm ist schwer.
- Der linke Arm ist schwer.
- Beide Arme sind schwer.
- Die Beine sind schwer.
- Alle Glieder sind schwer.
- Das Herz schlägt ruhig und gleichmäßig.

PAUSE

- Der rechte Arm ist schwer.
- Der linke Arm ist schwer.
- Beide Arme sind schwer.
- Die Beine sind schwer.
- Alle Glieder sind ganz schwer.
- Die Atmung ist ganz ruhig und gleichmäßig.

- Es atmet mich.
- Stirn, Nase und Rachen sind angenehm kühl.
- Die Brust ist strömend warm.
- Ich bin ganz ruhig.
- Geräusche sind ganz gleichgültig.
- Der rechte Arm ist schwer.
- Der linke Arm ist schwer.
- Beide Arme sind schwer.

PAUSE

- Beide Beine sind schwer.
- Alle Glieder sind ganz schwer.
- Mein ganzer Körper ist strömend warm und schwer.
- Mein Geist ist vollkommen geöffnet.
- Der Weg zu meinem Unterbewußtsein ist ganz frei.
- Alles werde ich leicht befolgen können.
- Ich stelle mir vor, wie ich zum Gespräch gebeten werde.
- Ich trete ein und nehme Platz.
- Die Fragen sind leicht und klar zu beantworten.
- Ich kann alles beantworten.
- Ich kenne mein Fach.
- Ich fühle mich leicht, unbeschwert und bin völlig gelöst.
- Meine Antworten sind flüssig und korrekt.
- Den Anwesenden kann ich gut ins Gesicht sehen.

PAUSE

- ❖ Ich fühle mich leicht und beschwingt und öffne die Augen.
- ❖ Ich fühle mich leicht und beschwingt und merke, wie ich wieder in meinem Zimmer bin.

☛ *Hinweis:* *In diesem Zusammenhang bietet sich auch ein „mentales“ Training an, das z.B. Sportler vor dem Wettkampf anwenden, indem Sie die Leistung geistig exakt vorweg nehmen, die zu erbringen ist. Dabei geht es dann mehr um eine Anspannung von Körper und Geist.*

14. Tests und Eignungsprüfungen

Es gibt in Deutschland mehr als 100 unterschiedliche Persönlichkeitstests. Da aber ein großer Teil dieser Tests durch Abschreiben oder Abwandlung bestehender Tests zustandekam, reicht es, wenn man das jeweilige Prinzip kennt.

Es geht in diesem Kapitel darum, sich mit den häufigsten Testverfahren bekanntzumachen. Darum wird Ihnen ein Überblick geboten, in dem auch „hinter die Kulissen" geschaut wird. Wer sich gezielt auf einen Test vorbereiten möchte, dem seien die ausgezeichneten Bücher von Susanne von Paczensky und Jürgen Hesse und Hans Christian Schrader empfohlen (s. Literaturverzeichnis).

Was ist ein psychologischer Eignungstest?

Ein psychologischer Test ist ein systematisches Verfahren zur Messung der Ausprägung bestimmter Persönlichkeits- und Verhaltensmerkmale. Eignungstests werden zur Auswahl geeigneter Bewerber und zur Prognose des Berufserfolgs eingesetzt. Dabei ist aber festzuhalten, daß der psychologische Test nie allein ausschlaggebend für die Einstellung sein darf, sondern dazu dient, die Personalauswahl und -entscheidung zusätzlich abzusichern.

Tests sind aus der Sicht eines Arbeitgebers eine ökonomische Methode der Informationsgewinnung, denn sie helfen Zeit und Kosten sparen, die entstehen, wenn man alle Bewerber zu einem persönlichen Gespräch einladen würde.

An psychologischen Eignungstests wird immer wieder Kritik geübt. Man zweifelt ihre Aussagefähigkeit an, man befürchtet, daß sie ein falsches Bild vom Menschen zeichnen. Die Vorbehalte sind oft mehr als berechtigt, lassen sich jedoch nicht generell aufrechterhalten und beruhen häufig auch auf Unkenntnis.

Bei Einstellungstests ist zwischen wissenschaftlichen Testverfahren und „selbstgestrickten" Tests zu unterscheiden. Wissenschaftliche Tests werden von Diplom-Psychologen entwickelt und müssen bestimmten Gütekriterien genügen. Selbstgestrickte Tests werden häufig von Laien zusammengestellt. Weil sie den wissenschaftlichen Anforderungen nicht genügen, ist ihre Anwendung äußerst fragwürdig.

Arten von Tests

Psychologische Eignungstests werden üblicherweise in drei Gruppen eingeteilt:

1. Intelligenztests

Mit Hilfe von Intelligenztests soll die intellektuelle Leistungsfähigkeit von Bewerbern ermittelt werden. Dabei wird meistens nicht nur der Grad der Intelligenz, sondern auch deren Struktur erfaßt. Problematisch ist allerdings meines Erachtens, daß nur in seltenen Fällen genau ermittelt wird, welche Intelligenzdimensionen in welcher Ausprägung für den jeweiligen Arbeitsplatz erforderlich sind.

2. Leistungstests

Unter Leistungstests werden Verfahren verstanden, die Maximalleistungen auf bestimmten Gebieten verlangen.

Man unterscheidet hierbei allgemeine Leistungstests, die besonders die Merkmale Konzentration, Aufmerksamkeit, Ausdauer und Willenseinsatz erfassen, und Tests zur Überprüfung spezieller Fähigkeiten wie sensorische und motorische Funktionen.

3. Persönlichkeitstests

Mit ihrer Hilfe sollen Persönlichkeits- und Charaktermerkmale, aber auch Interessen, Gefühle, Vorlieben, Abneigungen und Konflikte erfaßt werden.

Gütekriterien psychologischer Tests

Jedes Testverfahren muß einer Reihe von Gütekriterien genügen. Damit sind besonders die folgenden vier Hauptforderungen gemeint:

1 Der Test muß geeicht sein:

Wissenschaftliche Testverfahren werden vor ihrem Einsatz an einer ausreichend großen repräsentativen Stichprobe der Bewölkerung — in der Regel mehrere tausend Personen — überprüft. Damit werden gleichzeitig die Normen festgelegt, die zur Beurteilung der individuellen Testergebnisse dienen.

2 Der Test muß objektiv sein:

Das bedeutet, daß die Testergebnisse völlig unabhängig vom Untersucher sind. Egal, wer eine Person testet, Durchführung, Auswertung und Interpretation des Tests müssen immer gleich sein.

3 Der Test muß zuverlässig sein:

Unter Zuverlässigkeit versteht man den Grad der Genauigkeit, mit der ein Test ein bestimmtes Merkmal mißt. Messungen sind dann zuverlässig, wenn die Werte unabhängig vom Zeitpunkt der Messung sind, das heißt, bei wiederholten Testmessungen bei einer Person muß immer ein annähernd vergleichbares Ergebnis herauskommen.

4 Der Test muß gültig sein:

Der Test muß das messen, was er zu messen vorgibt. Damit wird die inhaltliche Genauigkeit angesprochen, mit der der Test ein Merkmal mißt.

Rechtliche Zulässigkeit

Sechs Voraussetzungen müssen erfüllt sein, um ein Testverfahren in der betrieblichen Praxis rechtlich zulässig zu machen:

1 Die EINWILLIGUNG der Testperson muß vorliegen.

Kein Bewerber ist verpflichtet, sich testen zu lassen. Unter Umständen aber kann der Mitarbeiter eines Betriebes dazu verpflichtet sein, wenn es sich um eine „sachgerechte Anordnung“ handelt.

2 Die Untersuchung muß von einem FACHPSYCHOLOGEN geleitet werden, andernfalls kann man die Teilnahme ablehnen.

3 Der Psychologe ist verpflichtet, die Testperson über ART UND UMFANG der Untersuchung aufzuklären, insbesondere, welche Merkmale geprüft werden.

4 Es muß ein sachlich begründeter ANLASS ZUM PERSONALTEST vorliegen, also etwa ein Arbeitsplatz oder eine Ausbildungsmaßnahme, die besondere psychische Anforderungen stellen. Routinemäßige Reihenuntersuchungen ohne zwingende betriebliche Begründung sind nicht statthaft.

5 Test und Gutachten dürfen sich nur auf Merkmale beziehen, die im unmittelbaren ZUSAMMENHANG MIT DEM ARBEITSVERHÄLTNIS stehen.

6 Das Gutachten gehört in die PERSONALAKTE, die jeder Arbeitnehmer auf Verlangen einsehen kann. Bewerber, die nicht eingestellt werden, können verlangen, daß die Testunterlagen vernichtet werden.

Dürfen solche Tests im Rahnem der Personalauswahl überhaupt eingesetzt werden, so darf man berechtigt fragen. Wie sieht es mit Intelligenz- und Leistungstests aus? Wird durch psychologische Tests nicht das Persönlichkeitsrecht mißachtet?

Fragen des Arbeitgebers müssen ebenso wie die Tests in Verbindung mit dem Arbeitsplatz stehen, für den Sie sich bewerben. Tests sind nur zulässig, wenn mit ihnen für den Arbeitsplatz bedeutsame Fähigkeiten und Eigenschaften ermittelt werden.

Der Einstellende muß die Privat- und Intimsphäre des Bewerbers beachten, auch wenn er wegen seiner wirtschaftlichen Interessen bestimmte Informationen über den Bewerber wünscht. Das ist zum Beispiel bei der Schwangerschaft der Fall. Nach höchstrichterlicher Entscheidung darf der Arbeitgeber die Bewerberin nur schriftlich danach fragen. Wenn sich Männer und Frauen um dieselbe Position bewerben, darf er gar nicht danach fragen. Auch Fragen nach dem Sexualleben oder nach Verhütungsmitteln sind unzulässig, wie bereits im vorhergehenden Kapitel festgestellt. Daher sind allgemeine Persönlichkeitstests im Rahmen der Personalauswahl verboten, nur wenige Ausnahmen denkbar.

Der Einsatz eines Persönlichkeitstests kann gerechtfertigt sein, wenn etwa das Merkmal Neurotizismus (erfaßt mit dem Eysenck- Persönlichkeits-Inventar EPI) für den Arbeitsplatz von entscheidender Bedeutung ist.

Dieser Sachverhalt kann etwa bei einem Bewerber um eine hohe Führungsposition in einem Großunternehmen vorliegen, da er Entscheidungen großer Reichweite zu treffen hat. Der Arbeitgeber hat in diesem Falle ein berechtigtes Interesse daran, zu wissen, ob seine künftige Führungskraft neurotisch ist. Fast ausnahmslos verboten sind Tests, die die allgemeine Persönlichkeitsstruktur erfassen.

Leistungs- und Intelligenztests betreffen in der Regel Ihre Privatsphäre. Die Abgrenzung von Privat- und Intimsphäre hängt von den konkreten Anforderungen am Arbeitsplatz ab. Wenn Sie sich um die Stelle eines Sacharbeiters bewerben, muß die Intimsphäre weiter gezogen werden als bei einem Bewerber für eine Position im Vorstand eines Großunternehmens.

Bei Leistungstests werden beispielsweise Sehschärfe, Handgeschicklichkeit, Rechtschreib- und Rechenkenntnisse erfaßt. Bei diesen Tests ist der Bezug zur Tätigkeit am Arbeitsplatz meist klar.

Als Bewerber sind Sie nicht verpflichtet, an einer psychologischen Eignungsuntersuchung teilzunehmen. Sie befinden sich hier jedoch in einer Zwangslage. Die Ablehnung kommt praktisch einem Zurückziehen der Bewerbung gleich.

Wenn Sie bei Ihrer Bewerbung an einem Test teilnehmen sollen, müssen Sie zustimmen. In der Regel wird Ihre Einwiligung unterstellt, wenn Sie den Test ohne Protest absolvieren.

Teilnehmer an einer psychologischen Eignungsuntersuchung sollten zuvor möglichst umfassend aufgeklärt werden über den Untersuchungsgegenstand, die Untersuchungsmethoden und darüber, was mit den gewonnenen Ergebnissen passiert. Zeigen Sie Zivilcourage und fragen Sie nach, wenn Ihnen unklar ist, was mit der Untersuchung bezweckt werden soll. Im Rahmen einer seriösen Personalauswahl werden Sie zuvor über den Ablauf des Auswahlverfahrens informiert. Es werden nur wissenschaftlich gesicherte und zulässige Tests eingesetzt.

Im Rahmen der Bewerberauswahl kann durch den Einstellenden das Persönlichkeitsrecht des Bewerbers verletzt werden. Inwieweit diese Verletzung zu Schadensersatzansprüchen des Bewerbers führen kann, ist rechtlich noch nicht endgültig geregelt. Allerdings hat das Landesarbeitsgericht Baden-Württemberg vor einigen Jahren einer Bewerberin einen Schmerzensgeldanspruch zugestanden, da der Arbeitgeber unberechtigt ein graphologisches Gutachten erstellen ließ.

Grundregeln für die Bearbeitung von Tests

- Achten Sie genau auf die Anweisungen des Testleiters. Fragen Sie nach, wenn etwas unklar ist.

- Lassen Sie sich nicht verrückt machen. Lesen Sie die Aufgaben in Ruhe durch und beantworten Sie zuerst diejenigen, die Sie beherrschen. Lösen Sie dann in einem zweiten Durchgang die restlichen Aufgaben.

- Arbeiten Sie zügig. Beißen Sie sich nicht an einer schwierigen Aufgabe fest, sondern gehen Sie lieber weiter.

- Versuchen Sie ruhig zu bleiben, auch wenn Sie nicht alle Aufgaben lösen können. Bei sehr vielen Tests ist die Zeit so knapp bemessen, daß Sie gar nicht alle Aufgaben schaffen können.

- Wenn Sie eine Lösung nicht wissen, raten Sie lieber, anstatt nichts anzukreuzen.

Häufig verwendete Testverfahren

Zu Ihrer Information finden Sie in den folgenden Ausführungen die typischen Merkmale einzelner Testverfahren beschrieben. Gleichzeitig werden Sie auf den jeweiligen Anwendungsbereich hingewiesen, damit dem interessierten Bewerber die Auswahl erleichtert wird.

Intelligenztests

I-S-T 70

Der „Intelligenz-Struktur-Test" dient der Erfassung der intellektuellen Struktur. Er besteht aus neun Untertests, die verschiedene Merkmale untersuchen sollen:

Urteilsbildung — Sprachgefühl — Kombinationsfähigkeit — Abstraktionsfähigkeit — Merkfähigkeit — Praktisch-rechnerisches Denken — Theoretisch-rechnerische Denken — Vorstellungsfähigkeit — Räumliches Vorstellungsvermögen

Anwendungsbereich: Eignungsuntersuchungen bei der Berufswahl, bei Stellenwechsel oder Umschulung. Ausgesprochener Gruppentest bei Bewerberandrang.

HAWIE

Der „Hamburg-Wechsler-Intelligenztest" für Erwachsene besteht aus einem Verbal- und einem Handlungsteil. Er prüft Allgemeinwissen, Schulkenntnisse, abstraktes Denken und praktische Intelligenz.

Nur als Einzeltest einsetzbar!

Verbalteil: Allgemeines Wissen — Allgemeines Verständnis — Zahlen nachsprechen — Rechnerisches Denken — Gemeinsamkeiten finden (Wortschatz)

Handlungsteil: Zahlen-Symbol-Test — Bilderordnen — Bilderergänzen — Mosaiktest — Figurenlegen

Anwendungsbereich: globale Erfassung der Intelligenz, wird in Beratungsstellen, Schulen und im Personalwesen angewandt.

WIT

Der „Wilde-Intelligenz-Test" orientiert sich theoretisch an dem Strukturmodell von Thurstone, so daß im wesentlichen folgende sieben intellektuelle Fähigkeiten überprüft werden:

Räumliches Vorstellungsvermögen — Rechengewandtheit — Wortverständnis und sprachgebundenes Denken — Wortgewandtheit — Schlußfolgerndes Denken — Wahrnehmungstempo und -genauigkeit — Merkfähigkeit und Gedächtnis

Der WIT ist sehr umfangreich mit seinen 15 Untertests, Untersuchungszeit etwa 4 Stunden.

B-T

Der „Büro-Test“ untersucht die praktisch-kaufmännische Eignung für die Erledigung einfacher Bürotätigkeiten. Bestehend aus sechs Aufgaben, ermöglicht der Test Rückschlüsse auf allgemeines Interesse an Büroarbeiten, die Fähigkeit, schriftliche Arbeiten erledigen zu können, die Geschicklichkeit bei der Lösung organisatorischer und verwaltungsmäßiger Aufgaben und auf Ideenreichtum.

Die sechs Aufgaben: Lehrlinge für Postdienst einstellen — Sortieren von Rechnungen planen — Geldbeträge in Geldsorten umwechseln — Briefe in einer Registratur auf Ordner verteilen — Portokasse führen — Zeitplan für Benachrichtigungen aufstellen

Anwendungsbereich: Auswahl für kaufmännische Ausbildungs- und Anlernberufe, Auswahl für kaufmännische Fachschulen, Umschulung für Bürotätigkeit, Auswahl für Bürohilfsarbeiten

ABAT

Der „Allgemeine Bürotest“ stellt eine Prüfung der Qualifikation für vorwiegend einfache routinemäßige Bürotätigkeiten dar. Der Schwerpunkt wird auf Schnelligkeit und Wendigkeit gelegt.

Der Test besteht aus sechs zeitlich begrenzten Untertests mit folgenden Tätigkeiten: Karteikarten sortieren (4 Minuten) — Adressen prüfen (4 Minuten) — Summen prüfen (5 Minuten) — Rechtschreibung korrigieren (3 Minuten) — Textaufgaben lösen (8 Minuten) — Zeichen setzen (2 Minuten).

Anwendungsbereich: Eignungsauslese von Bürohilfen bei Schülern von Abschlußklassen und Umschulung von Erwachsenen.

SASKA

Bei diesem „sprachlichen Leistungstest“ wird die allgemeine Inelligenz anhand der sprachlichen Intelligenz abgeschätzt. Er beruht auf der Annahme, daß die Verbalintelligenz für die allgemeine Intelligenz repäsentativ ist.

Der SASKA besteht aus fünf Untertests: Synonym-Test — Antonym-Test — Selektions-Test — Klassifikations-Test — Analogie-Test.

Anwendungsbereich: Beratung und Auslese in Schule und Beruf

LT

Der „Labyrinth-Test“ soll Voraussicht und Planungsfähigkeit, aber auch charakterliche Faktoren erfassen. Die Testperson muß Auswege aus vorgegebenen Labyrinthaufgaben finden.

Geprüft werden

a) folgende Intelligenzfaktoren: visuelle Aufmerksamkeit — Orientierung — situationsbezogene Intelligenz und

b) folgende charakterliche Faktoren: Selbstkontrolle — Selbstvertrauen — Genauigkeit.

Anwendungsbereich: Berufsberatung, Personalauslese bei praktischen Berufen

MIT

Der „Mannheimer Intelligenz-Test“ besteht aus 10 Untertests und soll Aussagen über die allgemeine Intelligenz ermöglichen. Unter fünf vorgegebenen Antworten muß die richtige angekreuzt werden.

Anwendungsbereich: Öffentlicher Dienst, Auslesetest für Schule und Beruf

Leistungstests

Pauli-Test

Der „Pauli-Test“ ist ein Konzentrationstest zur Feststellung der Leistungsbereitschaft bei gleichförmigen Arbeiten über einen längeren Zeitraum. Die Testperson muß über 60 Minuten lang Zahlen addieren, wobei der Testleiter alle drei Minuten dazu auffordert, die gerade erreichte Stelle zu markieren. Beurteilt werden Fehlerfreiheit und Tempo.

Die gemessenen Merkmale sind: Konzentration — Ausdauer — Gelassenheit — Ablenkbarkeit.

Anwendungsbereich: Bewerberauslese bei Berufswahl, Berufswechsel und Umschulung

Durchstreich-Test

Der „Durchstreich-Test“ ist ein Verfahren zur Prüfung der Aufmerksamkeit und Konzentration. Innerhalb einer vorgegebenen Zeit müssen bestimmte Buchstaben fortlaufend durchgestrichen werden. Dieser auch unter dem Namen seines Autors Bourdon bekannte Test ist vielfach variiert worden. Anstelle von Buchstaben werden auch Texte, Figuren, Zahlen oder Punktanordnungen verwendet.

Anwendungsbereich: Bewerberauslese bei Berufswahl und Stellenwechsel

KVT

Der „Konzentrations-Verlaufs-Test" dient der Messung von Genauigkeit und Ausdauer beim Arbeitsablauf. Die Testperson muß ein Päckchen mit Symbolen versehener Karten nach bestimmten Kriterien sortieren. Bewertet werden dabei Zeit und Anzahl der Fehler.

Anwendungsbereich: Berufsberatung, Bewerberauslese

KLT

Der „Konzentrations-Leistungs-Test" ist ein Standardverfahren zur Konzentrationsmessung. Er ist ein Rechentest, der unabhängig von der Intelligenz die allgemeine psychische Leistungsfähigkeit erfassen soll. 250 komplexe Additions- und Subtraktionsaufgaben sind zu lösen. Für die Lösung dieser Aufgaben ist koordiniertes Zusammenwirken bestimmter Tätigkeiten erforderlich: Auffassen, Rechnen, Merken, Entscheiden, Vorstellen.

Anwendungsbereich: Eignungsuntersuchungen bei Bewerbern und bei der Berufswahl

Persönlichkeitstests

TAT

Der „Thematische Apperzeptionstest" besteht aus mehrdeutigen Bildtafeln, die größtenteils menschliche Figuren in verschiedenen Situationen enthalten. Die Deutung der Bilder durch die Testperson zeigt dominante Triebe, Gefühle, Gesinnungen, Komplexe und Konflikte der Persönlichkeit an. Typischer Einzeltest.

Anwendungsbereich: Personalanalyse, Psychologische Beratung

Rosenzweig (PFT)

Der „Picture Frustrations-Test" besteht aus 24 Zeichnungen, auf denen hauptsächlich zwei Personen mit Sprechblasen dargestellt sind. Die linke Figur macht in ihrer Sprechblase stets Bemerkungen, die für die rechte Figur frustrierend sind. Der Test geht davon aus, daß die Testperson sich mit der rechten Figur identifiziert. Die Antworten der Testperson in der ursprünglich leeren Sprechblase geben Aufschluß über die individuelle Reaktion auf emotionale Belastungen. Einzeln und in Gruppen durchführbar.

Anwendungsbereich: Berufsberatung, Bewerberauslese

WZT

Beim „Wartegg-Zeichen-Test“ wird der Testperson ein Arbeitsblatt mit acht quadratischen Feldern vorgelegt. Die in den einzelnen Feldern enthaltenen Anfangszeichen sollen in freier Gestaltung zu Bildern entwickelt werden. Die Interpretation dieser Bilder soll Rückschlüsse auf die gesamte Persönlichkeit zulassen. Als Einzel- und Gruppentest durchführbar.

Anwendungsbereich: Berufsberatung, Bewerberauslese

Rohrschach-Test

Der Test besteht aus 10 Bildvorlagen mit symmetrischen Klecksgebilden, deren Sinn unbestimmt und vieldeutig ist. Die einzelnen Bilder müssen von der Testperson gedeutet werden. Aus diesen Deutungen werden dann Rückschlüsse auf die Persönlichkeitsstruktur gezogen.

Anwendungsbereich: Personalauslese (weit verbreitet)

Farbpyramiden-Test

Der Test basiert auf der Annahme, daß das individuelle Verhalten zu Farben Beziehungen zur Persönlichkeit erkennen läßt. Die Testperson muß 24 Testfarben nach Sympathie auswählen und sie zu einer Pyramide zusammensetzen. Die so gestaltete Farbpyramide zeigt das Affekt- und Stimmungsbild der Testperson.

Anwendungsbereich: Berufsberatung, Personalauslese

Lüscher-Test

Die Testperson soll Farbtafeln nach Sympathiegesichtspunkten in eine Rangfolge bringen. Der Test zeigt Persönlichkeitsstrukturen auf und macht auf psychische Störungen aufmerksam. Einzeltest.

Anwendungsbereich: Berufsberatung, Personalauslese

MMPI

Beim „Minnesotaiphasic-Personality-Inventory“ handelt es sich um einen sehr weitverbreiteten Fragebogen-Test. Er besteht aus 550 Fragen, die die Testperson mit „richtig“, „falsch“ oder „ich weiß nicht“ beantworten muß. Alle wichtigen

Persönlichkeitsbereiche will der MMPI erfassen. Der Test ist wissenschaftlich und rechtlich umstritten, da viele Fragen sehr in den persönlichen Bereich hineingehen und die Intimsphäre verletzen und ein Bezug zur Arbeitswelt überhaupt nicht gegeben ist.

Hier ein kurzer willkürlicher Einblick:

14. Einmal oder mehrmals im Monat habe ich Durchfall.

20. Mein Sexualleben ist zufriedenstellend.

27. Manchmal bin ich von bösen Geistern besessen.

227. Ich bin ein besonderer Sendbote Gottes.

488. Ich bete mehrmals in der Woche.

FPI

Das an der Freiburger Universität entwickelte „Freiburger Persönlichkeitsinventar" ist wohl der bei der Personalauswahl am häufigsten eingesetzte Persönlichkeitstest. In der ersten Version von 1970 besteht der Test aus 212 Fragen zu Befinden, Verhalten, Einstellungen, Gewohnheiten und körperlichen Beschwerden. Die Fragen sind teilweise aus dem MMPI übernommen worden.

Die neueste, überarbeitete Fassung, der FPI-R, enthält 138 Aussagen, die die Persönlichkeit in folgenden 12 Aspekten erfassen wollen: Lebenszufriedenheit — Soziale Orientierung — Leistungsorientierung — Gehemmtheit — Erregbarkeit — Aggressivität — Beanspruchung — Körperliche Beschwerden — Gesundheitssorgen — Offenheit — Extraversion — Emotionalität.

Auch die Anwendung des FPI ist für die Personalauswahl äußerst fragwürdig.

Abzulehnende Tests

Sieben Testverfahren sollten Sie im Einstellungsverfahren ablehnen. Zu ihnen zählt der Rorschach-Test, bei dem Tintenkleckse gedeutet werden sollen. Bei diesen projektiven Verfahren wird angenommen, daß das „Reizmaterial" (beispielsweise Tintenkleckse, unscharf Bilder, unvollendete Zeichnungen oder Texte), die unbewußten Bereiche oder die Persönlichkeit des Getesteten anspricht. Aus Ihrer beobachtbaren Reaktion auf diese Reize (Deutung des Bildes, Beenden der Zeichnung), kann der Auswerter auf Ihre unbewußten Bereiche schließen. Die Tests sind nur schwer zu durchschauen. Im allgemeinen liefern sie Aussagen über die gesamte Persönlichkeitsstruktur.

Die Auswertung der projektiven Verfahren erfolgt meist qualitativ. Die Ausprägung eines Persönlichkeitsmerkmals kann also nicht in Zahlen angegeben werden. Der Auswerter erstellt ein allgemeines Gutachten über die Persönlichkeit. Bei vielen dieser Tests gibt es keine Angaben zu den Gütekriterien (Objektivität, Reliabilität, Validität, Normierung).

Im klinischen Bereich sind sie für die erfahrenen Anwender ein hilfreiches Mittel zur Diagnostik von psychischen Störungen. Für die Personalauswahl kann der Einsatz dieser Tests nicht gerechtfertig werden. Häufig sind Test und qualifizierte Auswertung sehr zeitaufwendig, so daß für den Einstellenden bereits die Kosten gegen einen Einsatz sprechen.

Die Bearbeitung folgender Tests sollten Sie als Bewerber mit dem Hinweis ablehnen, daß es sich um klinische Persönlichkeitstests handelt:

1 Baum - Test

Sie sollen auf ein leeres Blatt einen Baum zeichnen.

2 Drawa - Test

Ihre Aufgabe ist es, einen Menschen zu zeichnen.

3 Lüscher - Test

Sie sollen Farbtafeln nach Ihrem persönlichen Gefallen anordnen.

4 Rorschach - Test

Von Ihnen wird die Interpretation von Tafeln mit Tintenklecksen verlangt.

5 Wartegg - Zeichentest

Sei erhalten acht viereckige Felder die mit kleinen Zeichen versehen sind. Diese Zeichen sollen Sie zu einer vollständigen Zeichnung ergänzen.

6 Thematic - Apperception-Test

Zu vorgebenen Bildern sollen Sie eine Geschichte erzählen. Aus diesen Geschichten wird auf Ihre Bedürfnisse, Erwartungen und Befürchtungen geschlossen.

7 „Persönlichkeitsfragebögen“ wie FPI, EPI, 16PF, MMPI

Diese Tests sollen breite Bereiche Ihrer Persönlichkeit erfassen. Ihre Bearbeitung ist nur in Ausnahmefällen zulässig.

☛ *Hinweis:* *Da es in den meisten Fällen sehr schwierig sein dürfte, das entsprechende Original-Testmaterial zu erhalten, verweise ich an dieser Stelle auf die beiden Bücher von Hesse/Schrader, „Erlebnisse aus 1001 Bewerbung“ und „Das neue Testprogramm“. Hier findet man im Detail ausgezeichnete Hinweise, in welchen Berufen und Branchen die einzelnen Tests Anwendung finden. „Das neue Testprogramm“ bietet mit seinem Lösungsteil dem Bewerber reichhaltige Möglichkeiten, sich im Testtraining auf anstehende Eignungstests vorzubereiten.*

Praktische Arbeitsschritte

Übung 45

Testtraining

Indem man das Lösen von Testaufgaben übt, wird man mit den zugrunde gelegten Prinzipien der Testverfahren vertraut. Vor allem aber erhält man eine gewisse Routine im Lösen und im Umgang mit den verschiedenen Testaufgaben. Diese Routine ist besonders dann wichtig, wenn die Testaufgaben unter Zeitdruck zu lösen sind. Wer im Umgang mit Testverfahren bereits Erfahrungen gesammelt hat, kann dadurch unter Umständen den entscheidenden Vorsprung erzielen, den er braucht, um die Konkurrenten hinter sich zu lassen.

☛ **Aufgabe:** *Besorgen Sie sich zum Testtraining entsprechendes Material in einschlägigen Taschenbüchern, in Veröffentlichungen von Sparkassen oder bei der FAZ; leihen Sie sich entsprechende Bücher in einer Bibliothek und bearbeiten Sie einige Tests.*

☛ *Hinweis:* *Achten Sie immer darauf, daß Sie möglichst das Prinzip des einzelnen Tests durchschauen.*

Übung 46

Analyse einzelner Fragestellungen

Besonders bei der Beantwortung von Fragen in einem Persönlichkeitstest gibt es gedankliche Fallen. Schauen Sie sich einmal die Frage 59 aus dem MMPI an. Zu jeder Frage gehören 4 Aussagen, bei denen der Proband ankreuzen soll, welche Aussage am meisten und welche am wenigsten zutrifft.

[A] Bin leicht verwirrt, wenn etwas schiefgeht.

[B] Bin unsicher in meiner Meinung.

[C] Habe Interesse an gesellschaftlichen Veranstaltungen.

[D] Bin zuverlässig.

Ihre Antwort:

D Entspricht mir am meisten!

B Entspricht mir am wenigsten!

Sie geben am besten diese Antwort aus folgenden Überlegungen heraus:

- zu A: Das sind Sie natürlich nie!

- zu B: Selbst wenn Sie es sind, niemals zugeben!

- zu C: Hier werden keine Partylöwen gesucht, sondern ernsthafte Mitarbeiter.

- zu D: Na klar; und nichts anderes!

☛ **Aufgabe:** *Beantworten Sie die beiden folgenden Fragen, die dem gleichen Test entstammen:*

Frage 93

A Habe weniger Ausdauer als die meisten Menschen.

B Liebe aufregende Ereignisse nicht sonderlich.

C Bin schöpferisch und kreativ.

D Verliere leicht die Geduld mit anderen.

Ihre Antwort:

☐ Entspricht mir am meisten!

☐ Entspricht mir am wenigsten!

Frage 103

A Empfinde andere leicht als lästig.

B Scheue das Risiko.

C Arbeite gern schnell.

D Liebe Arbeiten, die nur wenig eigenes Denken erfordern.

☐ Entspricht mir am meisten!

☐ Entspricht mir am wenigsten!

Und nun noch aus einem anderen Test ein paar Fragen. Hier müssen Sie wählen, ob Sie

- ❖ unbedingt dafür
- ❖ dafür
- ❖ teilweise dafür
- ❖ teilweise dagegen
- ❖ dagegen
- ❖ unbedingt dagegen

sind:

1 Leute die kompromißbereit sind, widern mich an.

2 Viele Torheiten ereignen sich, weil Menschlichkeit zu stark betont wird.

3 Wer zahlt, befiehlt. Das gilt überall.

4 Personen, die gerne autoritär auftreten, haben in Wirklichkeit zu wenig Selbstvertrauen.

5 Man muß sehr kämpferisch sein, um Erfolg zu haben.

☛ *Hinweis:* *Lösungsvorschläge und Kommentare finden Sie im Anhang dieses Buches.*

Übung 47

Intelligenztest (Übungsaufgaben)

Die folgenden Aufgaben sind dem IST 70 entnommen; es handelt sich um Aufgaben, die sehr oft — auch in leicht abgewandelter Form — verwendet werden. Versuchen Sie es einmal:

Aufgabengruppe 1

Die Aufgaben bestehen aus Sätzen, bei denen jeweils ein Wort fehlt. Für jeden der Sätze werden Ihnen fünf Lösungsmöglichkeiten vorgeschlagen. Sie sollen das richtige Wort auswählen.

1 Der (Das) ..... gehört nicht zum Wetter.

a) Orkan b) Gewitter c) Hagel d) Erdbeben e) Nebel

2 Das Gegenteil von niemals ist....

a) oft b) manchmal c) gelegentlich d) häufig e) immer

3 Zu einem Wettkampf gehört (gehören) immer der (die)....

a) Schiedsrichter b) Gegenpartei c) Zuschauer d) Beifall e) Sieg

4 Ein (Eine).... gehört nicht zur Unfallverhütung.

a) Stopplicht c) Schutzbrille c) Verbandskasten d) Warnzeichen
e) Bahnschranke

5 Um tiefe Töne zu erzeugen, benötigt man viel....

a) Gefühl b) Kraft c) Schwung d) Gewicht e) Stimme

Aufgabengruppe 2

Von fünf vorgegebenen Wörtern sind vier in einer gewissen Weise ähnlich. Sie sollen das fünfte Wort finden, das den anderen in dieser Weise nicht ähnlich ist.

Beispiel: a) Tisch b) Stuhl c) Vogel d) Schrank e) Bett

a, b, d und e sind Möbelstücke, c nicht.

1 a) klopfen b) essen c) nähen d) sägen e) hämmern

2 a) fliegen b) laufen c) segeln d) fahren e) reiten

3 a) Scheidung b) Abschied c) Paß d) Grenze e) Trennung

4 a) hobeln b) bohren c) schleifen d) polieren e) bügeln

5 a) Kompaß b) Uhr c) Wegweiser d) Polarstern e) Kurs

Aufgabengruppe 3

Es werden Ihnen drei Wörter vorgegeben. Zwischen dem ersten und zweiten besteht eine gewisse Beziehung.

Zwischen dem dritten und einem der fünf Wahlwörter besteht eine ähnliche Beziehung. Dieses Wort sollen Sie finden.

1 finden : verlieren = erinnern : ?

a) behalten b) widerrufen c) vergessen d) nachdenken e) träumen

2 Silber : Gold = Fingerring : ?

a) Taschenuhr b) Rubin c) Edelstein d) Armband e) Platin

3 Treppe : Leiter = Haus : ?

a) Aufzug b) Hof c) Wendeltreppe d) Zelt e) Zimmer

4 Gebirge : Paß = Fluß : ?

a) Steg b) Brücke c) Furt d) Fähre e) Boot

5 Dackel : Windhund = Verbrennung : ?

a) Feuerwehr b) Laterne c) Explosion d) Streichholz e) Waldbrand

Aufgabengruppe 4

Jetzt geht es ans Rechnen. Die Aufgaben dürfen aber nur im Kopf gerechnet werden.

☛ *Hinweis:* *Schriftliche Notizen sind nicht gestattet.*

1 15 Kisten Gemüse wiegen 250 kg und jede leere Kiste wiegt 3 kg. Wieviel kg wiegt dann das Gemüse?

2 Ein Bauer hat einen Hafervorrat, der für 7 Pferde 78 Tage reicht. Wieviele Tage reicht der Vorrat für 21 Pferde?

3 7 Leute können eine Arbeit in 6 Tagen benden. Wie viele Leute braucht man, um die Arbeit in einem halben Tag zu beenden?

4 Für eine Legierung nimmt man 2 Teile Silber und 3 Teile Blei. Wieviel g Silber braucht man für die Herstellung von 15 g dieser Legierung?

5 Webstuhl A webt 60 m Stoff, während Webstuhl B 40 m webt. Wieviel m webt A, während B 60 m webt?

Aufgabengruppe 5

Es werden Ihnen Zahlenreihen vorgegeben, die nach einer bestimmten Regel aufgebaut sind. Jede Reihe läßt sich nach dieser Regel fortsetzen. Sie sollen in jeder Reihe die nächstfolgende Zahl finden.

Beispiel: 9 7 10 8 11 9 12 ?

In dieser Reihe werden abwechselnd 2 abgezogen und 3 zugezählt, also ist die richtige Lösung 10.

1 19 18 22 21 25 24 28 ?

2 2 4 8 10 20 22 44 ?

3 25 22 11 33 30 15 45 ?

4 94 92 46 44 22 20 10 ?

5 11 15 18 9 13 16 8 ?

☛ *Hinweis:* *Die richtigen Lösungen finden Sie im Anhang!*

15. Der Arbeitsvertrag

Zum Abschluß des Bewerbungstrainings noch einige Hinweise zum Arbeitsvertrag. Der gesamten Komplex des Themas Arbeitsvertrag würde den Rahmen dieses Buches sprengen. Deshalb werden nur die Punkte angesprochen, die unmittelbar mit dem Vertrag als Abschluß einer erfolgreichen Bewerbung zusammenhängen.

Was ist ein Arbeitsvertrag?

Für das Zustandekommen eines Arbeitsvertrags ist unbedingt erforderlich, daß sich die Vertragsparteien zumindest über den Eintrittstermin des Arbeitnehmers und die Art der Tätigkeit einigen. Die Höhe der Vergütung zählt hingegen nicht zum notwendigen Vertragsinhalt. Es genügt, wenn sich die Parteien zunächst einigen, daß die Arbeitsleistung überhaupt vergütet werden soll.

Darüber hinaus können in die einzelnen Arbeitsverträge eine Reihe zusätzlicher Vereinbarungen aufgenommen werden. Dabei ist darauf zu achten, daß in den Arbeitsvertrag keine Bestimmungen aufgenommen werden, die gegen ein gesetzliches Verbot verstoßen oder die gegen die guten Sitten verstoßen. Ein sittenwidriger Arbeitsvertrag liegt z.B. dann vor, wenn der Arbeitnehmer eine unverhältnismäßig niedrige Vergütung erhält.

Ein Arbeitsvertrag kann mündlich oder schriftlich geschlossen werden. Auch der mündlich verabredete Arbeitsvertrag ist in vollem Umfang rechtsgültig und verbindlich; allerdings ist ein schriftlicher Arbeitsvertrag ratsamer, weil ein solcher Vertrag ein eindeutiges Beweisstück ist, das bei einem Rechtsstreit von entscheidender Bedeutung sein kann.

Der gesetzliche Rahmen

Der Arbeitsvertrag ist eine Sonderform des Dienstvertrags. Die gesetzlichen Grundlagen sind im BGB (Bürgerliches Gesetzbuch) §§ 611 bis 630 geregelt.

Für Arbeitsverhältnisse gelten außer den §§ 611 ff. zahlreiche Schutzgesetze:

- Lohnfortzahlungsgesetz
- Kündigungsschutzgesetz
- Bundesurlaubsgesetz
- Mutterschutzgesetz

- Jugendarbeitsschutzgesetz
- Heimarbeitergesetz
- Arbeitszeitordnung

Zusätzlich können auch bestimmte Regelungen eines Tarifvertrags, bzw. einer Betriebsvereinbarung Inhalt des jeweiligen Einzelarbeitsvertrags werden. Von diesen Bestimmungen kann nur zugunsten, niemals aber zum Nachteil der Arbeitnehmer durch Einzelvereinbarung abgewichen werden!

Die grundsätzliche Formfreiheit des Arbeitsvertrags unterliegt gesetzlichen, tarifvertraglichen oder arbeitsvertraglichen Beschränkungen. So ist ein mündlicher Vertrag unwirksam, wenn in dem für diesen Betrieb maßgebenden Arbeitsvertrag die schriftliche Form vorgesehen ist.

Bestandteile des Arbeitsvertrags

Wir wollen die wesentlichen Bestandteile, die in einem Arbeitsvertrag enthalten sein sollen, im folgenden auflisten. Diese Liste soll für Sie eine Hilfe bei Ihrer Vorbereitung auf eine Vertragsverhandlung sein. Sie können Ihren neuen Arbeitsvertrag auch anhand dieser Punkte auf Vollständigkeit überprüfen.

1 Genaue Benennung der Vertragspartner

2 Beginn des Arbeitsverhältnisses

3 Probezeit (allgemein üblich 3 Monate)

4 Die Kündigungsfristen während und nach der Probezeit

5 Art der Tätigkeit (Stellenbeschreibung)

6 Vollmachten und Kompetenzen

7 Arbeitszeit und Pausen

8 Arbeitsentgelt und sonstige Bezüge

9 Urlaubsvereinbarungen

10 Sonstige Abmachungen

Nebentätigkeiten, Wettbewerbsverbote, Firmenwagen, Altersversorgung, Dienstreisen, Umzugskosten u.ä.

Es folgen zwei Beispiele für Arbeitsverträge.

Arbeitsvertrag für Angestellte

zwischen...(Arbeitgeber)

und...(Arbeitnehmer/in)

1. Beginn des Arbeitsverhältnisses/Tätigkeit:

1.1 Herr/Frau .... wird vom .... an im Bereich/ in der Abteilung .... angestellt.

1.2 Das Aufgabengebiet umfaßt ....
....

1.3 Die ersten 6 Monate des Arbeitsverhältnisses gelten als Probezeit. Während der Probezeit kann das Arbeitsverhältnis von beiden Seiten mit einer Frist von einem Monat zum Monatsschluß gekündigt werden.

1.4 Sollte es aus betrieblichen Gründen erforderlich werden, den/die Arbeitnehmer/in in einen anderen Bereich/ in eine andere Abteilung umzusetzen oder ihm ein anderes Aufgabengebiet zuzuweisen, so ist der Arbeitgeber hierzu unter Einhaltung einer Ankündigungsfrist von..........berechtigt, sofern auch die neue Tätigkeit der bisherigen Qualifikation entspricht.

2. Vergütung:

2.1 Die Arbeitsvergütung beträgt DM....................brutto mtl.

2.2 Die Arbeitsvergütung setzt sich folgendermaßen zusammen:
Grundgehalt DM..........................
Leistungszulage DM..........................

2.3 Die Arbeitsvergütung ist zum Monatsende fällig. Sie wird bargeldlos auf das Konto mit der Nr....................... bei der ...., BLZ.......................überwiesen.

3. Arbeitszeit:

3.1 Die regelmäßige Arbeitszeit beträgt 37 Wochenstunden.

3.2 Ihre Verteilung sowie Lage und Dauer sind in der Betriebsvereinbarung Nr. .... vom............geregelt.

4. Arbeitsverhinderung:

4.1 Etwaige Arbeitsverhinderung ist dem Arbeitgeber ohne schuldhaftes Zögern mitzuteilen.

4.2 Beruht die Arbeitsverhinderung auf einer Erkrankung des/der Arbeitnehmers/erin, so ist dies und deren voraussichtliche Dauer durch ein ärztliches Attest nachzuweisen. Das Attest muß dem Arbeitgeber spätestens am dritten Tag nach Beginn der Erkrankung vorgelegt werden.; entsprechendes gilt für eine Fortsetzungsbescheinigung.

5. Erholungsurlaub:

5.1 Der Erholungsurlaub beträgt kalenderjährlich 30 Arbeitstage.

5.2 Die Gewährung des Erholungsurlaubs, insbesondere die Berechtigung, ihn aufzuteilen und die Rangfolge bei gleichen Urlaubswünschen mehrerer Arbeitnehmer derselben Abteilung richtet sich nach der Betriebsvereinbarung Nr. ....vom.........

6. Beendigung:

6.1 Nach Ablauf der Probezeit gelten die gesetzlichen Kündigungsfristen. Sind diese für Arbeitnehmer und Arbeitgeber unterschiedlich, so gilt die längere Kündigungsfrist für beide Teile gleichermaßen.

6.2 In jedem Fall, auch während der Probezeit, muß die Kündigung schriftlich erklärt werden.

Arbeitgeber:..

Arbeitnehmer/in:...

Einstellungsschreiben für einen Arbeiter

1. Herr.............wird in der Firma......................... als.................. gegen einen Stundenlohn von DM .... (Lohngruppe ......) eingestellt. Die Arbeitsvergütung wird monatlich abgerechnet und jeweils zum Monatsende auf das Konto des Arbeitnehmers mit der Kontonr. .... bei der......................., BLZ....................überwiesen.

2. Die Arbeitsaufnahme erfolgt am:................................

3. Die reguläre Arbeitszeit beträgt 37 Stunden wöchentlich; ihre Verteilung sowie die Lage und Dauer der Pausen richten sich nach der Betriebsvereinbarung Nr...........vom.......................

4. Der Erholungsurlaub beträgt 30 Arbeitstage pro Kalenderjahr. Er wird auf Antrag des Arbeitnehmers nach Rücksprache mit dem zuständigen Meister durch die Personalabteilung gewährt.

5. Weihnachtsgeld, Urlaubsgeld und Überstundenzuschläge richten sich nach dem Tarifvertrag der...................................

6. Die Kündigungsfrist beträgt beiderseits zwei Wochen. Eine Kündigung muß stets schriftlich erfolgen.

Arbeitgeber:..

Arbeitnehmer:..

Anhang

zu Übung 2

Der Wortlaut des Antwortschreibens von RTL-Plus an Herrn Herzog:

Sehr geehrter Bewerber,

Ihr Entschluß, mir zu schreiben — vielen Dank.

Ihre Bereitschaft, bei RTL-Plus zu ackern — sehr gut.

Ihre Sehnsucht nach Irrenhaus und Sklavenarbeit — meine Hochachtung.

Doch leider, leider: Wir haben uns aus den Waschkörben der Bewerbungen für andere Superhirne entschieden, die uns maßgeschneidert sind. Für Ihren weiteren Berufsweg wünsche ich Ihnen viel Glück und Erfolg; und: Nicht traurig sein.

Mit sehr freundlichen Grüßen

R. Popp, Chefredakteur

zu Übung 10

Inventurliste 1: Kenntnisse und Fertigkeiten Beispiel: Radio- und Fernsehtechniker	
Was?	Wo/wann erworben?
Ausbildung	Lehre: Fa. Kleine Gesellenprüfung 3 Jahre praktische Fehlersuche Werkstatt Fa. Gorep Reparaturtechnik ca. 3 Jahre Elektronik-Kenntnisse 2 1/2 Jahre Fachhochschule Hannover mit Schwerpunkten...
Beratung und Verkauf im Außendienst	4 Jahre Fa. Haidel, Köln
Leiten eines technischen Außendienstes	seit 1 1/4 Jahren Fa. Marketz, Köln

Inventurliste 2: Persönliche Fähigkeiten Beispiel: Radio- und Fernsehtechniker	
Was?	Wobei erprobt? Beispiele?
Kontaktfähigkeit	Bei Außendiensttätigkeit gewann leicht das Vertrauen der Kunden.
kommunikationsfreudig	gelernt, gut zuzuhören, sachlich beim Argumentieren, Erfahrung in Teamarbeit
belastbar	keine ernsthaften Erkrankungen, wöchentliches Pensum teilweise bis 60 Stunden
Organisationstalent	Erstellen von Einsatzplänen
Überzeugungskraft	viele Vertragsabschlüsse
Personalführung	....
entschlußfreudig	...
..	...

zu Übung 11

Ein vielleicht talentierter Texter hat im Ansatz ein paar gute Ideen gehabt. Aber: Er hat sie dann gedankenlos, ohne jede Selbstkritik, zu Papier gebracht. Die fettgedruckten Zeilen ergeben keinen Sinn, weder jede einzelne für sich genommen noch alle im Zusammenhang.

Der Haupttext ist bis auf ganz wenige Satzteile Geschwätz, nichtssagende Wiederholungen, eine Aneinanderreihung von Selbstloben. Gerade in der Werbebranche glauben Unerfahrene, man müsse die sonst übliche Sachlichkeit durch Gags ersetzen. Nichts gegen Gags! Aber ohne handfeste Informationen, die Vertrauen erwecken, sind sie völlig wertlos, ja sogar schädlich!

zu Übung 25 und Übung 27

Auf den nachfolgenden Seiten finden Sie verschiedene beispielhafte Lebensläufe.

1 Tabellarischer Lebenslauf

2 Funktionaler Lebenslauf

3 Lebenslauf in Aufsatzform (4 Beispiele)

Lebenslauf

Vor-und Zuname	Simone Heinz
Anschrift	Bankstraße 47 4050 Mönchengladbach
Telefon	(02161) 77407
Geburtsdatum	14. 05. 65 Caputh/DDR
Familienstand	verheiratet
Führerschein	Kl.III
Schulausbildung	
09/71 - 06/79	1821 Borkheide Allgemeine Oberschule
07/79 - 09/83	1820 Belzig Gymnasium 1981:Abschluß: Mittlere Reife, Prädikat„gut" 1983: Abschluß: Abitur, Prädikat „gut"
Berufsausbildung:	
09/83 - 12/87	1017 Berlin Humbold-Universität Dipl.-Lehrer für Deutsch und Englisch wegen Ausreiseantrag und Antrag auf Eheschließung mit BRD-Bürger bedingte Beendigung des Studiums
Berufspraxis	
	wegen Ausreiseantrag befristete Arbeitsverhältnisse:
01/88 - 03/88	1017 Berlin Reisebüro,Alexanderplatz Ausländerberaterin in engl.Sprache
04/88 - 09/88	1017 Berlin Deutsche Handelsbank AG Kreditbearbeiterin/Übersetzerin Dtsch./Engl: und Engl./Dtsch.
10/88 - 05/88	Heimübersetzerin in Dtsch/Engl. und Engl./Dtsch.
27.6.89	Ausreise in BRD
08/89 - 10/89	4050 Mönchengladbach Technologiezentrum Glehn Informations-und Orientierungsseminar
Weiterbildung	
01/90-	4ooo Düseldorf Olivetti Bildungszentrum Ausbildung zur EDV-Dozentin
Besondere Kenntnisse	
Fremdsprachen:	gute Englischkenntnisse Grundkenntnisse in Französich

4050 Mönchengladbach, Unterschrift

Lebenslauf

Vor- und Zuname	Fritz Meier
Straße und Wohnort	Heidepfad 77 4150 Krefeld 1
Telefon	02151/.......
Geburtsdatum und -ort	20.06.1948, Krefeld
Familienstand	ledig
Führerschein	Klasse 3
Volksschule	
04/54 - 03/62	4150 Krefeld 1 Kath. Volksschule Mitte
Berufsfachschule	
10/65 - 01/70	4150 Krefeld 1 Berufsbegleitende Abendschule
Abschluß	21.01.1970 Fachschulreife
Berufsausbildung	
04/64 - 09/67	4150 Krefeld 11 Firma Bayer AG Starkstromelektriker
Berufliche Praxis	
10/67 - 01/70	4150 Krefeld 11 Firma Bayer AG Starkstromelektriker Aufgaben: Installation, Wartung und Reparatur/ Industrieanlagen
Fachhochschule	
02/70 - 09/74	4000 Düsseldorf Studium des Fachbereichs Elektrotechnik
Berufliche Praxis	
10/74 - 04/75	1000 Berlin 30 Firma AEG Tätigkeit als Schaltungstechniker durch eine Zeit-Arbeits-Firma Aufgaben: Erstellung von Unterlagen für ein Bausteinsystem
Technikerschule	
10/74 - 07/76	1000 Berlin 1 Staatliche Techniker Schule verkürztes Studium zum Techniker
Abschluß 06.07.1976	Staatlich geprüfter Techniker Fachrichtung: Datenverarbeitende Anlagen
Berufliche Praxis	
10/76 - 03/83	5900 Siegen Firma Philips EDV-Kundendienst-Techniker
Krefeld, 13.04.1983	(Unterschrift)

Beispiel 1

Ich bin am 29.09.19..in Hameln geboren. Nach 4jährigem Volksschulbesuch von 19..bis 19.. trat ich in das Schiller-Gymnasium in Hameln ein, das ich 19..mit dem Abitur verließ.

19..und 19..leistete ich meinen Pflichtwehrdienst; in dieser Zeit erwarb ich den Führerschein Klasse 3.

Von 19.. bis 19..absolvierte ich eine 3jährige Lehrzeit bei der Maschinenfabrik Wili Habermann & Co in Hameln. Die Lehrabschlußprüfung bestand ich mit „gut".

Nach meiner Lehrzeit war ich weiterhin bei der Firma Habermann tätig, zunächst in der Buchhaltung, später in der Verkaufskorrespondenz.

Um meine Kenntnisse zu vervollständigen, trat ich am 01.01.19..in die Hermes AG in Holzminden ein, ebenfalls eine Maschinenfabrik.

Ich arbeitete zunächst als Verkaufssachbearbeiter, wechselte aber Anfang 19.. in die Werbeabteilung. Seitdem bin ich als stellvertretender Werbeleiter tätig.

Meine Berufserfahrung: gründliche Kenntnisse auf den Gebieten Buchhaltung, Zahlungsverkehr, Steuerwesen, Verkauf und Werbung.

Mein besonderes Interesse gilt der Werbung. Hier habe ich nachweislich gute Erfolge erzielt. Meine Erfahrung aus anderen Arbeitsbereichen (Buchhaltung, Verkauf) kommen mir in meiner Werbearbeit zugute, bei Maßnahmen der Exportwerbung außerdem meine guten Englisch- und brauchbaren Französischkenntnisse. Seit 19..bin ich verheiratet. Wir haben ein Kind.

Holzminden, 15.02.19.. Unterschrift

Beispiel 2

Mein Name ist Werner Sommer, wohnhaft Ritterstr.7, 4650 Gelsenkirchen 2. Ich wurde am 24.Januar 1960 in Gelsenkirchen geboren, bin verheiratet und habe 1 Kind.

Von 1966 bis 1975 besuchte ich zuerst die Grundschule- und anschließend die Hauptschule in Gelsenkirchen, die ich mit der 10.Klasse und der Fachoberschulreife abschloß. Im August 1975 begann ich eine Ausbildung zum Betriebsschlosser auf der Schachtanlage Hugo der Ruhrkohle AG in Gelsenkirchen. Nach Abschluß der Ausbildung im Januar 1978 war ich dort bis Ende Juli beschäftigt. Anschließend besuchte ich die Fachoberschule in Bottrop und beendete diese im Juli 1979 mit der Fachhochschulreife. Danach leistet ich meinen 15monatigen Wehrdienst in einer Instandsetzungseinheit ab.

Ab Oktober 1980 studierte ich an der Fachschule Bochum, Abt.Gelsenkirchen, das Fach Maschinenbau mit dem Studienschwerpunkt Fertigungstechnik. Das Diplom bestand ich im September 1984 mit der Note "gut". Während der Semesterferien arbeitete ich zunächst als Betriebsschlosser in Metallbetrieben, später entwickelte ich als freier Mitarbeiter eines Ingenieurbüros Software für Mikrocomputer.

Seit Oktober 1984 bin ich als beratender Ingenieur für das Ingenieurbüro MCS-Consult in Bochum tätig. Meine wesentlichen Aufgaben bestehen in der EDV-Systemanalyse, der Entwicklung von Steuerungssoftware für Lagersteuersysteme, der Installation und Wartung der Systeme und der Schulung des Bedienungspersonals.

Ort,Datum Unterschrift

Beispiel 3

Lebenslauf

Ich wurde am 3.12.19.. in Kiel geboren. Mein Vater, Wilhelm Rosenberg ist kaufmännischer Angestellter. Meine Mutter, Karin Rosenberg, geborene Lorenz, ist Sekretärin. Seit meiner Geburt arbeitet sie halbtags. Meine Schwester geht noch zur Schule und ist zwei Jahre jünger als ich.

In der Zeit vom 1.9.19.. bis 30.8.19..besuchte ich die Grund- und Hauptschule Heitmannstraße in Kiel-Schilksee.

Anschließend wechselte ich in die Winkelmann-Realschule. Zur Zeit besuche ich die 10.Klasse und werde voraussichtlich im Sommer dieses Jahres meine Schulzeit mit der Mittleren Reife abschließen. Danach möchte ich den Beruf des Industriekaufmanns erlernen.

Meine Hobbys sind Lesen und das Entwickeln von BASIC-Programmen auf meinem Computer. Außerdem spiele ich in der zweiten Jugendmannschaft Wasserball im Schwimmclub Poseidon-Kiel.

Arne Rosenberg Kiel.den 6.2.19..

Beispiel 4

Lebenslauf

Am 11.02.1967 wurde ich, Malte Fenske, als zweitjüngstes von insgesamt vier Kindern des Busfahrers Peter Fenske und der Hausfrau Hertha Fenske, geb. Schorsch, in Düren geboren. Ich hatte die üblichen Kinderkrankheiten, die ohne weitere Folgen verliefen. Mit sechs Jahren kam ich in die Heribert-Menzel-Grundschule Düren und besuchte nach der Orientierungsstufe die Gesamtschule Düren-Nord, die ich in diesem Jahr mit dem Abschlußzeugnis der 10. Klasse (Mittlere Reife) verlassen werde. Meine Lieblingsfächer in der Schule sind Deutsch und Mathematik. Da ich mich schon während meiner Schulzeit für den Beruf des Elektroanlageninstallateurs interessierte, bin ich auch in Physik und Chemie ein guter Schüler. In meiner Freizeit beschäftige ich mich viel mit Schwimmen, da ich Mitglied in der DLRG bin. Im nächsten Jahr möchte ich den Grundschein für das Rettungsschwimmen erwerben. Ich hatte im letzten Jahr im Rahmen eines Betriebspraktikums Gelegenheit, den Beruf des Elektroanlageninstallateurs näher kenenzulernen. Ich weiß, daß dies ein anstrengender Beruf ist, der wichtige Grundkenntnisse in Mathematik und den naturwissenschaftlichen Fächern erfordert. Es ist aber auch ein interessanter und vielseitiger Beruf, und ich glaube, daß ich den Anforderungen, die an einen Auszubildenden in diesem Beruf gestellt werden, gewachsen bin. Meine Eltern sind mit meinem Berufswunsch einverstanden. Nach meiner Ausbildung zum Elektroanlageninstallateur möchte ich mich gern zum Energieanlagenelektroniker weiterbilden.

Düren,den 12.10.1982

Malte Fenske

zu Übung 30

Beispiel 1 (in herkömmlicher, älterer Version):

Zeugnis

Frau Irma Klein, geborene Maier, geb. am 17.3.1944 in Berlin, ist am 1.4.1971 als technische Zeichnerin in unserer Konstruktionsabteilung Wekker-Uhren zu uns gekommen.

Schon im Jahre 1972 konnte sie als Teilkonstrukteurin, ab 1.7.1973 als Konstrukteurin für Uhrenfedern eingesetzt werden. Bald zeigte sich, daß sie ein besonderes Geschick bei der Anleitung von Nachwuchskräften besaß. Zuerst war sie mit den in den Konstruktionsabteilungen eingesetzten Auszubildenden für technisches Zeichnen beschäftigt, bis sich die Technische Abteilung dazu entschloß, eine eigene Abteilung zur gründlichen Ausbildung der künftigen technischen Zeichner einzurichten und Frau Klein ab 1.1.1975 hauptamtlich mit der Leitung zu beauftragen.

Frau Klein ist eine selbständige Persönlichkeit, die ihren Standpunkt auch gegenüber Vorgesetzten vertritt, doch stets in angemessener Weise. Sie ist charakterlich vorbildlich, in der Betriebsgemeinschaft wohl angesehen und eine vortreffliche Ausbilderin, was auch in den guten Noten, die ihre Auszubildenden in der Abschlußprüfung erhalten haben, zum Ausdruck kommt.

Frau Klein teilte uns mit, daß sie zum Ende des Jahres 1987 ausscheiden möchte, um sich ganz ihrer Familie widmen zu können.

Wir bedauern diesen Entschluß, haben aber hierfür Verständnis; wir danken ihr für die geleistete Arbeit und wünschen ihr für die Zukunft alles Gute. Falls es später ihre Familienverhältnisse erlauben, sind wir gerne bereit, mit ihr über ihre bisherige Tätigkeit (vielleicht als Teilzeitbeschäfigte) eine neue Vereinbarung zu treffen.

Furtwangen (Schwarzwald), den 5.1.1988

(Unterschrift)

Beispiel 2 (in herkömmlicher, älterer Version):

Zeugnis

Herr Dr. rer. nat. Klaus Maier, geb. am 13.2.1950 in Karlsruhe, wurde zum 1.10.1978 als Leiter der Gruppe Verfahrensplanung im Rahmen des Vertriebsbereichs „Mittlere Datentechnik" eingestellt.

Herr Dr. Maier ist ein hochbegabter Mathematiker. Er beherrscht die Grundlagen der Informatik und deren Umsetzung in die Praxis der sich in einem Computerwerk immer neu ergebenden Probleme für die vielfältigen Kundenwünsche. Dank seines analytischen Dnkvermögens und seines erfinderischen Geistes konnte er neue Impulse für Computer-Programme geben. Als dynamischer Interpret für schwierige Kundenwünsche war er ein stetiger Initiator seiner Programmierer-Gruppe.

Er schaffte energisch, gewissenhaft und erfolgreich. Dank seines Leistungsstrebens löste er alle Terminschwierigkeiten. Die Kraft seiner Ideen wirkte befruchtend auf die Mitarbeiter und ermöglichte so eine hohe Gesamtleistung der Gruppe.

Herr Dr. Maier verfügt über die Gabe, souveränes Fachwissen an seine Mitarbeiter weiterzugeben und sie mit Lösungshinweisen zu versorgen; dies geschieht in vorbildlicher Kameradschaft. Er ist ein angesehener und beliebter Vorgesetzter. Sein ausgeprägter Ordnungssinn sorgt für einen zügigen Ablauf aller Arbeiten.

Herr Dr. Maier bat um kurzfristige Aufhebung des Arbeitsverhältnisses zum 30.März d.J., um sich als Informatik-Berater in Karlsruhe selbständig zu machen. Da wir uns seinen Plänen nicht entgegenstellen wollen und er mit uns in einem Beratungsverhältnis, das noch zu präzisieren sein wird, verbunden bleibt, sind wir mit der Beendigung des Vertragsverhältnisses einverstanden. Wir danken für die vorzüglich geleistete Arbeit und wünschen ihm für die Zukunft alles Gute.

Karlsruhe, den 30. März 1988 (Unterschrift)

zu Übung 34

Telefonische Bewerbung

Datum des Gesprächs: . . . .

Firmenname: . . . .

Name des Gesprächspartners: . . . .

Telefonnummer der Firma/Durchwahl: . . . .

Inhalt der Anzeige: . . . .

. . . .

. . . .

- ❖ Namen nennen nicht vergessen!
- ❖ Ich habe Interesse daran, Ihr Mitarbeiter zu werden.
- ❖ Ich rufe auf Ihre Anzeige in der ... an, mit der Sie eine/einen...... suchen.
- ❖ Ich möchte mich informieren, ob die Stelle noch frei ist.
- ❖ Ich möchte mich informieren, ob Sie noch einen Mitarbeiter suchen.

Antwort des Gesprächspartners: . . . .

. . . .

. . . .

Was gehört denn zu den genauen Tätigkeiten?

. . . .

. . . .

- ❖ Interesse zeigen, evtl. Berufserfahrungen nennen!

Frage nach dem Einstellungstermin . . . .

Neuer Gesprächstermin: . . . .

Vorstellungstermin: . . . .

- ❖ Dank und Verabschiedung

Bemerkungen (nach dem Gespräch notieren):. . . . .

. . . .

. . . .

zu Übung 46

Frage 93

zu A:	Das darf einfach nicht stimmen!
zu B:	Auch hierbei: höchste Vorsicht!
zu C:	Das dürfen und sollen Sie auch sein.
zu D:	Auch etwas, das Sie besser nicht sind.

also:

C	Entspricht mir am meisten!
A	Entspricht mir am wenigsten!

Frage 103

zu A:	Achtung! Dann sind Sie ein Eigenbrötler.
zu B:	Niemals!!
zu C:	Das ist erlaubt und wird gern gesehen.
zu D:	Bitte auch hier unbedingt: Nein!

also:

C	Entspricht mir am meisten!
D	Entspricht mir am wenigsten!

Und zu den 5 Einzelfragen:

zu 1	unbedingt dagegen (sonst hält man Sie für einen Sturkopf)
zu 2	unbedingt dagegen (wollen Sie als Menschenfeind gelten?)
zu 3	unbedingt dagegen (sonst gelten Sie als Opportunist)
zu 4	dafür oder teilweise dafür (weil es zum Teil stimmt)
zu 5	dafür oder teilweise dafür (Ihr Durchsetzungsvermögen!)

zu Übung 47

Lösungen

Aufgabengruppe 1

1. d **2.** e **3.** b **4.** c **5.** e

Aufgabengruppe 2

1. b **2.** b **3.** c **4.** b **5.** e

Aufgabengruppe 3

1. c **2.** d **3.** d **4.** b **5.** e

Aufgabengruppe 4

1. 205 kg **2.** 26 Tage **3.** 84 Leute **4.** 6 g **5.** 90 m

Aufgabengruppe 5

1. 27 (-1; +4) **2.** 46 (+2; *2) **3.** 42 (-3; :2; *3) **4.** 8 (-2; :2) **5.** 12 (+4; +3; :2)

Zum 4. Kapitel

Überregionale Tages- und Wochenzeitungen mit großem Stellenmarkt

Frankfurter Allgemeine Zeitung
FAZ GmbH
Postfach 10 08 08

6000 Frankfurt 1

Süddeutsche Zeitung
Süddeutscher Verlag GmbH
Postfach 20 22 20

8000 München 2

Die Welt
Axel Springer Verlag AG
Kaiser-Wilhelm-Str. 6

2000 Hamburg 36

Stuttgarter Zeitung
STZ-Anzeigengemeinschaft
Postfach 10 60 32

7000 Stuttgart 10

Frankfurter Rundschau
Druck- und Verlagshaus FaM
Postfach 26 06

6000 Frankfurt 1

Kölner Stadtanzeiger
Verlag M. Dumont Schauberg
Postfach 10 04 10

5000 Köln 1

Rheinische Post
Rheinisch-Bergische Druckerei- und Verlags GmbH
Postfach 1135

4000 Düsseldorf

Zeitungsgruppe WAZ
Zeitungsgruppe WAZ
Postfach 10 41 61

4300 Essen 1

VDI-Nachrichten
VDI-Verlag GmbH
Postfach 82 28

4000 Düsseldorf 1

Handelsblatt
Handelsblatt GmbH
Postfach 11 02

4000 Düsseldorf 1

Die Zeit
Zeitverlag Gerd Bucerius KG
Postfach 10 68 20

2000 Hamburg 1

Literaturverzeichnis

Dröll, Dieter
Erfolgreich bewerben ... wenn's schwierig ist
Bewerbungshilfe, Musterbriefe, Erfolgsratschläge
Sozietäts-Verlag, Frankfurt a.M., 1990
ISBN 3-7973-0312-2

Dröll, Dieter
Bewerber-Fragen zum Arbeitsplatzwechsel
Verlag FAZ, Frankfurt a.M., 1989

Frankfurter Allgemeine Zeitung, Hrsg.
Das neue F.A.Z.-Berufe-Handbuch
Was ist eigentlich ein ...?
Band 1 und 2
Verlag FAZ, Frankfurt a.M., 1985/1989

Friedrich, Hans
Vorstellungsgespräche
sicher und erfolgreich führen
Falken-Verlag, Niedernhausen, 1988
ISBN 3-8068-0636-5

Friedrich, Hans
Lebenslauf und Bewerbung
Beispiele für Inhalt, Form und Aufbau
Falken-Verlag, Niedernhausen, 1988
ISBN 3-8068-0428-1

Hesse, Jürgen / Schrader, Hans Christian
Erlebnisse aus 1001 Bewerbungen
Eichborn Verlag, Frankfurt a.M., 1988
ISBN 3-8218-1221-4

Hesse, Jürgen / Schrader, Hans Christian
Das neue Testprogramm
Die gebräuchlichsten Aufgaben und wie man sie löst
Eichborn Verlag, Frankfurt a.M., 1989
ISBN 3-8218-1220-6

Hesse, Jürgen / Schrader, Hans Christian
Testtraining für Ausbildungsplatzsucher
Hilfe bei Bewerbung, Test und Vorstellungsgespräch
Fischer Taschenbuch Verlag, Bd. 3353
Frankfurt a.M., 1989
ISBN 3-430-158-974

Lauster, Peter
Menschenkenntnis
Econ Verlag, Düsseldorf, 1989
ISBN 3-430-158-974

Manekeller, Wolfgang / Schoenwald, Ulrich
Die erfolgreiche Bewerbung
Bewerbung und Vorstellung
Falken-Verlag, Niedernhausen, 1989
ISBN 3-8068-0173-8

Mell, Heiko
Bewerbung auf dem Prüfstand
Insider-Informationen zur Bewerbungstechnik
Schäffer Verlag, Stuttgart, 1988
ISBN 3-8068-0173-8

Paczensky von, Susanne
Der Testknacker
Wie man Karriere-Tests erfolgreich besteht
Rowohlt Taschenbuch Verlag, Reinbeck 1990
rororo 6449
ISBN 3-499-16949-5

Reichel, Wolfgang
Bewerbungsstrategien
Erfolgreiche Konzepte für Karrierebewußte
Falken-Verlag, Niedernhausen, 1989
ISBN 3-8068-1027-3

Schleßmann, Hein
Das Arbeitszeugnis
Verlag Recht und Wirtschaft, Heidelberg, 1988
Schriften des Betriebs-Beraters, Bd. 27
ISBN 3-8005-6874-8

Siewert, Horst
Bewerben wie ein Profi
moderne verlagsgesellschaft mbH, Landberg, 1987
ISBN 3-478-07032-5

Stelzner, Erwin
Professionell bewerben
Bewerberhandbuch für Berufsanfänger und Stellenwechsler
Sachbuchverlag, Münster, 1987
ISBN 3-924036-00-4

Steven-Bartol, Eckhart
Bewerbung, Einstellung, Vertragsabschluß
Beck-Rechtsberater
Deutscher Taschenbuchverlag, Bd. 5273
München, 1988
ISBN 3-423-05273-2

Wirth, Rainer
Gehälter
Verdienen Sie genug?
Mosaik Verlag, München, 1988
ISBN 3-570-06941-9